Martin Haberer

Taschenatlas

Ziergräser

188 Arten kennen und verwenden

Ulmer

Vorwort

Gräser sind in vielen Bereichen unentbehrlich, vor allem die verschiedenen Ziergräser, welche in Gärten und Parks, aber auch in der freien Landschaft nicht wegzudenken sind. Viele stammen aus Gegenden unserer Erde, wo ähnliche Bedingungen wie in Mitteleuropa herrschen. Schon Karl Foerster wusste: „Gräser sind das Haar der Erde."

Sie sind die ersten Besiedler von Rohböden, man denke nur an die riesigen Prärien Nordamerikas, die Steppen Asiens, die Halbwüsten Afrikas oder Australiens. Auch in den Bergen, den Wäldern sowie den Mooren und Sümpfen trifft man viele Gräser an.

Je nach Bodenart sind diese Gräser anspruchslos. Viele eignen sich zur Verwendung in unseren Gärten. Nicht selten wurden aus diesen Wildarten Mutationen ausgelesen und durch gezielte Züchtungsarbeit weiter verbessert.

Manche Arten sind kurzlebig, sie säen sich nach der Fruchtreife aus und überdauern ungünstige Zeiträume wie kalte Winter oder trockene, heiße Sommer als Samenkorn im Boden. Die meisten können wir aber unter dem Begriff Stauden einordnen. Das sind Gewächse, welche krautig und mehrjährig sind, sich also immer wieder aus Speicherorganen wie Rhizome oder Knollen erneuern. Auch einige Gehölze sind zu nennen, dazu gehört die große Gruppe der Bambusarten, welche in Ostasien unentbehrlich sind.

Manche Staudengräser bedürfen eines Schutzes vor winterlicher Kälte und vor allem vor Nässe. Das Pampasgras ist dafür besonders dankbar.

Mehr Hinweise sind im Kapitel Verwendung zu finden.

Hinzu kommen die vielen Nutzgräser, dazu zählen Getreidearten sowie die Gräser der Viehweiden und der Rasenflächen. Auch bei der Rekultivierung und der Befestigung von Dünen spielen Gräser eine herausragende Rolle. Ganz aktuell ist der Einsatz vieler Arten zur Gewinnung von Energie aus Biomasse.

In diesem Taschenatlas werden die 188 wichtigsten Vertreter der Gräser in Wort und Bild vorgestellt. Dabei stehen die botanischen Merkmale und die Eigenschaften einer Pflanze gleichermaßen im Mittelpunkt. Diese Beschreibungen helfen dem Anfänger, die Pflanzen kennen zu lernen und dem Praktiker, sie richtig zu verwenden. Auf ähnliche Arten und Sorten wird verwiesen.

Vor allem ist diese Buchreihe als Hilfe für den Nachwuchs im Gartenbau und der Floristik gedacht. Deshalb sind die wissenschaftlichen Namen der Pflanzen und ihre Familienzugehörigkeit wichtig. Auf die Angabe der Autoren wurde verzichtet.

Speziell dieses Buch richtet sich auch an die vielen Naturfreunde, die auf ihren Wanderungen die Gräser bestimmen und natürlich an die Gartenbesitzer, die Gräser im Garten richtig verwenden möchten.

Recht herzlich danken möchte ich den vielen Mitarbeitern des Verlages Eugen Ulmer, welche für meine Anliegen immer ein offenes Ohr hatten.

Nürtingen, im Herbst 2008
Martin Haberer

Inhaltsverzeichnis

Ziergräser von A bis Z   24

Pflanzenbeschreibungen, Verbrei-
tungs-und Pflegehinweise, Angaben
zur Wuchsform, Blüte und Besonder-
heiten

Einführung

Gräser aller Art beherrschen unsere Erde. Auf sämtlichen Kontinenten und in fast allen Lebensräumen sind Gräser anzutreffen. Nur in den Tiefen der Ozeane, in den Eiswüsten der Pole und auf eisbedeckten Bergen sowie in den zentralen Sandwüsten können selbst diese Überlebenskünstler nicht mehr wachsen.

Bei der Besiedlung von bisher vegetationslosen Gebieten spielen Gräser eine wichtige Rolle: Wenn die Gletscher immer mehr zurückweichen, wird der sterile Untergrund zunächst von blütenlosen Pflanzen wie den Algen und Flechten besiedelt. Dann aber erscheinen schon die ersten einfach gebauten Blütenpflanzen, nämlich die Gräser. Ihre Samen werden vom Wind weit verbreitet, weil sie wenig wiegen und oft mit Flughaaren versehen sind. Häufig sind es anspruchslose Arten, die mit wenigen Humuskrümeln zufrieden sind oder in einer Felsspalte gedeihen können. Diese besonderen Fähigkeiten der Gräser macht sich der Mensch auch bei Rekultivierungen, beispielsweise von ehemaligen Tagebauflächen, zunutze.

Meist treten Gräser in Massen auf. Man denke nur an die bis zum Horizont reichenden, vielfach monoton erscheinenden Prärien Nordamerikas. Man teilt sie je nach der Niederschlagsmenge in Kurzgras-, Mischgras- und Hochgrasprärien ein. Zwar sind dort auch viele weitere Blütenpflanzen anzutreffen, aber die Gräser sind doch in der Überzahl.

Ähnliche Beispiele kennt man von den Savannen Afrikas oder den Steppen in Osteuropa und Asien. Auch in Australien beherrschen Gräser weite Gebiete des meist trockenen Landes, vor allem die Gattung Spinifex spielt hier eine Rolle.

Bedeutung der Gräser für den Menschen

Ernährung

Verschiedene Gräser dienen den Menschen als unentbehrliche Nahrungsquelle. Folgende Grasarten sind dabei vorwiegend zu nennen: In Afrika waren es ursprünglich Hirse, in Amerika Mais, in Asien Reis, in Europa die verschiedenen Getreidearten wie Weizen, Hafer, Gerste und Roggen. In allen Ländern hat man aus den ursprünglichen Getreidearten Sorten ausgelesen, welche in den jeweiligen Gebieten die besten Ernteerträge brachten. Die Zahl der Neuzüchtungen ist heute unübersehbar. Das ist auch wichtig, denn die Zahl der Erdbevölkerung steigt rapide an, viele kämpfen um das tägliche Überleben.

Die natürliche Vegetation wird dabei wenig geschont. Auf der ganzen Welt hat der Mensch großflächig Wälder gerodet und die Gebiete in Ackerflächen umgewandelt. Wenn sich der Anbau von Nutzpflanzen wie Getreide, Hackfrüchte usw. nicht mehr lohnt, dann genügt das Land noch als Weide für das Vieh. In Neuseeland, Australien, Südamerika und auch in Europa ist auf diese Weise viel Grünland entstanden, sofern die Niederschläge ausreichen.

So sorgen Gräser seit Jahrtausenden für die ausreichende Ernährung der Tiere und damit letztendlich auch des Menschen.

Die Wildtiere lebten ursprünglich vom Gras und den Kräutern der Savanne, der Prärien und der Wiesen. In Nordamerika grasten einst Millionen von Bisons auf den endlosen Flächen. Heute sind die Wildtiere und die Prärien weitgehend verschwunden und haben auf den klimatisch günstigen Flächen Platz für den Getreideanbau in großem Stil gemacht. Auf anspruchsloseren Flächen wuchs Wald. Nach der Rodung wurden immer mehr Flächen für die Viehzucht angelegt. Ein jährliches Abbrennen der trockenen Wildgräser förderte den Neuaustrieb der robusten und schmackhaften Gräser für das Weidevieh.

In den Alpen findet man Äcker bis in die Hochlagen. Wo aber die notwendige Wärme für die Ackerpflanzen fehlt, treten die nicht so anspruchsvollen Grasflächen an ihre Stelle. Die Nutztiere in Mitteleuropa bevorzugen eiweißreiche Grasarten der Fettwiesen. Diese Gräser müssen Verbiss und Schnitt vertragen können. Die Wildtiere werden von den Nutztieren verdrängt: Ihnen bleibt oft nur die kärgliche Kost der Bergwiesen in höchsten Regionen. Aber auch dort treibt der Mensch Schafherden hinauf.

Noch verheerender ist die Situation in den ariden Gebieten der Erde. Am Rande der Wüsten gedeihen nur noch spärliche Grasreste, doch auch hier sind die Nutztiere die direkten Konkurrenten für die Wildtiere. Konflikte sind also vorprogrammiert.

Falls sich das Klima weiterhin so rasant erwärmen sollte wie in den letzten Jahren, können sich die Wüsten noch weiter ausbreiten, denn auch Gräser sind auf Wasser angewiesen.

Sollten die Niederschläge immer geringer werden, würden nur noch anspruchslose Gräser und Sukkulenten gedeihen, da diese über ganz besondere Einrichtungen zum Wassersparen verfügen.

Gräser in Kunst und Kultur

In Asien spielt seit alter Zeit der Bambus eine tragende Rolle in der Malerei, Schrift, Bildhauerei und auch in der Gartengestaltung. Der rasch wachsende Bambus ist ein besonders wertvolles Material für alle möglichen Dinge. Ob als Baustoff, Flechtmaterial, im Gerüstbau und nicht zuletzt auch als Nahrung, z. B. für Pandas, ist er unentbehrlich. Und diese haushohen Gewächse sind tatsächlich Gräser. Einige können täglich über 40 cm wachsen, man kann also dem Wachstum regelrecht zusehen! Ihre hohlen Stängel verholzen, ganz im Gegensatz zu den meisten Grasarten unserer Gärten. Dabei sind die Halme alle gleich dick, besitzen also kein sekundäres Dickenwachstum wie unsere Bäume. Der elegante Bambus ist auch bei uns sehr beliebt, sofern er die kontinentalen Winter überdauert.

Im zentralen Brasilien kommt ein Gras an trockenen Plätzen vor, welches wegen seiner goldenen Triebe Goldgras genannt wird. Diese Gattung, Syngonanthus, gehört zur Familie der Eriocaulaceae, die man vorwiegend in den Tropen antrifft. Aus den drahtigen, dünnen Stängeln fertigen geschickte Hände alle möglichen Schmuckelemente vom Armreif bis zur Handtasche. Durch den Verkauf an Besucher trägt also ein Gras zum Lebensunterhalt der Indios bei.

Aus Schilfarten werden heute noch in Südamerika Boote gebaut. Noch sind die überlieferten Techniken den Bewohnern des Titicaca-Sees bekannt – wer weiß, wie lange noch. Dass diese Boote sogar ozeantauglich sind, hat der Forscher und Abenteurer Thor Heyerdahl eindrucksvoll bewiesen.

In Mitteleuropa wurde schon früher Schilfrohr geerntet. Es dient auch heute noch zum Decken von Reetdächern, besonders in Norddeutschland. Leider können sich immer weniger Hausherren diese aufwendigen Dachbedeckungen leisten.

In der Landschaft werden schließlich eine Vielzahl von Gräsern zur Rekultivierung eingesetzt. Viele Ausläufer treibende Grasarten, wie Quecken und Strandhafer, sind ideale Gewächse für die Befestigung von Böschungen und Sanddünen. Auch an Seen, Teich- und Flussrändern sind viele Grasarten unentbehrlich, ebenso an ehemaligen Tagebaustätten und in den Bergen zur raschen Begrünung von Skipisten.

Gräser im Überblick

Einteilung der Gräser

Man teilt die Gräser in zwei große Gruppen ein: Süß- und Sauergräser.

Zu den Süßgräsern gehören sämtliche Arten, die zur Familie der Poaceae (Rispengrasgewächse, früher Gramineae) gerechnet werden. Diese Familie ist mit 650 Gattungen und über 9000 Arten weltweit verbreitet. Von der gesamten Vegetation der Erde gehören etwa 20 % zu dieser Familie. Sowohl in den Tropen als auch in den eisigen Bereichen der Berge bis zu den Polar-

kreisen sind Vertreter dieser Gräser zu finden, natürlich angepasst an den jeweiligen Standort und das Klima. Sämtliche Getreidearten, aber auch viele andere Nutzpflanzen sind hier einzuordnen.

Die Blätter der Süßgräser sind flach, die Stängel hohl und meist mit Knoten versehen, welche die Halme stabilisieren. Eine Ausnahme bilden die Pfeifengräser, *Molinia*, die keine Knoten aufweisen. Die Knoten enthalten ein besonderes Wachstumsgewebe. Daher können sich umgebogene Halme an dieser Stelle wieder aufrichten. Weiterhin befindet sich an jedem Knoten Teilungsgewebe, nicht nur an der Sprossspitze. Hierin liegt auch das rasche Längenwachstum der Gräser begründet. Durch besondere Hüllblätter, die Blattscheiden, wird diese empfindliche Zone geschützt. An den Knoten entspringen auch die Blätter, meist zweizeilig am Halm angeordnet. Die zungenartige Ligula, welche am Blattansatz den Halm umschließt und schützt, ist ein weiteres wichtiges Bestimmungsmerkmal.

An der Vegetationsspitze sind die jungen Blätter entweder gefaltet, wie beim Chinaschilf, oder eingerollt, beispielsweise beim Schwingel. Arten mit eingerollten Blättern sind meist resistenter gegen Trockenheit als die anderen Arten. Schwingelarten haben oft zusätzlich eine blaue Bereifung der Halme und Blätter, welche die Pflanze vor zu starker Verdunstung schützt. Gelbfarbene und panaschierte Gräser reagieren dagegen häufig empfindlich auf Sonne und Trockenheit.

Viele Arten haben immergrüne Blätter, andere sind nur sommergrün,

Hohe Gräser und Buchskugeln setzen schöne Akzente in diesem Staudengarten.

verfärben sich aber dann im Herbst besonders auffällig.

Die heimischen Süßgräser sind alle krautig, verholzte Triebe kennen wir nur vom Bambus.

Der Wurzelstock kann büschelig, wie beispielsweise bei *Miscanthus sinensis* sein. Das bedeutet, er bildet einen immer dichter werdenden horstartigen Busch, weil sich die jungen Wurzelsprosse nach außen ausbreiten, aber ganz kurz sind. Andere Arten bilden längere Ausläufer, unterirdische Erdsprosse (Rhizome, z. B. *Miscanthus sacchariflorus*) oder oberirdisch verlaufende Triebe, die sich an ihren Knoten wieder bewurzeln (Rasengräser).

Die Blüten der Süßgräser sind meist unauffällig in Form und Farbe. Im Gegensatz zu Orchideen oder Liliengewächsen, welche ebenfalls zu den Einkeimblättrigen gehören, sind sie nicht auf Fremdbestäubung angewiesen, d. h. es müssen keine Insekten angelockt werden. Die Einzelblüte ist klein und unscheinbar. Sie fällt nur dann auf, wenn sich die gelben Staubbeutel der männlichen Blüten entfalten. Der Wind trägt dann die Pollen in großer Zahl weit weg. Zur gleichen Zeit öffnen sich an den weiblichen Blütchen kleine fächerartige Gebilde, welche die Pollen auffangen. Nach der Bestäubung und Befruchtung werden die Samen gebildet. Die Grasfrüchte werden auch Karyopsen genannt.

Umhüllt werden die Blütchen von mehreren Spelzen, die unterschiedlich geformt sind. Besonders die Deckspelzen mit Borsten oder Grannen sind bei manchen Arten eindrucksvoll, man denke dabei nur an die Federgräser, die einen langen Federschweif bilden können.

Die Anordnung der Einzelblüten im Blütenstand ist so vielfältig, dass man immer wieder überrascht ist von der Form und Farbe der Rispen, Ähren und Trauben.

Bei manchen Arten können auch am Blütenstand junge Pflänzchen entstehen, sogenannte Kindel. Dies ist meist bei alpinen Arten der Fall, wo oft die Zeit zur Samenreife nicht ausreicht.

Die Sauergräser heißen so, weil sie meist saure Böden bevorzugen. Dazu gehören sämtliche Vertreter der Riedgrasgewächse (Cyperaceae) mit den vielen Arten der Seggen (*Carex*), weiterhin Arten der Binsen- oder Simsengewächse (Juncaceae). Nahe verwandt sind die Rohrkolbengewächse (Typha-

ceae) und die Igelkolbengewächse (Sparganiaceae), welche auch an feuchten Standorten anzutreffen sind.

Aus Südafrika stammen die vielfältigen Arten der Seilgrasgewächse (Restionaceae), welche dort eine bedeutende Rolle spielen. Diese fremdländischen Grasarten werden hier wegen der fehlenden Winterhärte nicht behandelt.

Die Familie der Riedgrasgewächse (Cyperaceae) ist mit etwa 90 Gattungen und über 4000 Arten weltweit verbreitet. Die Halme sind knotenlos, meist dreikantig und mit Mark gefüllt. Eine Ausnahme bilden die Wollgräser mit runden Stängeln.

Viele Arten fühlen sich an feuchten Stellen besonders wohl. Sie sind die idealen Gewächse an Teichrändern und Mooren, aber auch feuchte Stellen unter Bäumen werden besiedelt.

Oft sind die Blätter immergrün, der Wurzelstock meist Ausläufer treibend.

Die Blütenstände können dekorativ sein. Viele Seggen haben am Halmende walzenförmige weibliche Ähren, darüber befinden sich am gleichen Stängel die männlichen Blütenstände. Zur Blütezeit werden die gelben Pollen gebildet, welche auch bei windstillen Wetterlagen auf die weiblichen Blüten herabrieseln können. Mit Ausnahme von *Carex baldensis* werden die Blüten vom Wind bestäubt. Die Früchte sind einsamige Nüsschen, welche meist von einem Fruchtschlauch umhüllt sind.

Unter den Riedgrasgewächsen finden wir eine Vielzahl von Arten, welche von großem Nutzen für den Menschen sind. Einige sind essbar, andere werden zum Dachdecken und zu Flechtarbeiten verwendet.

Das Japanische Berggras besticht durch seinen Hängewuchs.

Bei den Simsen- oder Binsengewächsen (Juncaceae) fallen bei der Gattung *Juncus* (Binsen) ihre blattlosen, runden Stängel auf, an deren Ende sich die kopfigen Blütenstände entwickeln. Auch sie bevorzugen feuchte oder nasse Standorte, sie sind also ideale Pflanzen für Teiche aller Art.

Zu dieser Familie gehört auch die Gattung *Luzula* (Simse oder Marbel). Ihr Blütenstand ist verzweigt und bei der weiß blühenden Schnee-Marbel, *Luzula nivea*, besonders attraktiv. Je nach Art findet man diese Pflanzen auch an trockeneren Standorten, wo sie trotz des horstartigen Wuchses eine immergrüne Fläche bilden können.

Die Rohrkolbengewächse (Typhaceae) besitzen lange, schmale Blätter und einen kriechenden Wurzelstock. Von der einzigen Gattung *Typha* kennt man weltweit 15 Arten. Sie findet man neben manchen Riedgräsern am Ufer vieler Seen, wo sie im Sommer und Herbst durch ihre kolbenartigen Fruchtstände auffallen. Die weiblichen Blütchen sitzen in einem keulenartigen Kolben dicht zusammen, die männlichen Blüten oberhalb des steifen Stängels. Zur Fruchtreife lösen sich die Einzelfrüchte (Nüsse) auf und die an den Samen befestigten Fruchthaare tragen sie weit weg.

Anpassungen an den natürlichen Standort

Viele Gräser haben besondere Merkmale entwickelt, welche sie vor zu hoher Verdunstung schützen. Einige sind an den schmalen Blatträndern behaart oder haben Kieselsäure eingelagert, was eine höhere Festigkeit und Widerstandsfähigkeit der Blätter zur Folge

hat. Andere rollen die Blätter zu einem Röhrchen zusammen bzw. haben blau oder grau gefärbte Blätter. An diesen Merkmalen erkennt man Gräser, welche viel Sonne und Trockenheit vertragen können.

An schattigeren Standorten, also im Wald und am Waldrand, trifft man Gräser mit dunkelgrünen und breiten Blättern an. Diese Arten versuchen damit, die geringe Lichtmenge durch eine größere Oberfläche optimal zu nutzen.

Am Wasserrand finden wir wiederum Gräser, welche in den Zellen ihrer Stängel und Wurzeln viel Luft enthalten. Dies ist ihre Anpassung an den Luftmangel im dauernassen bzw. wasserbedeckten Boden.

Auf den nährstoffarmen und vorwiegend sauren Böden der Sümpfe und Moore gedeihen wieder völlig andere Grasarten als im Kalkgeröll. Die Natur hat also für jeden noch so extremen Standort eine ideale Lösung gefunden.

Ansprüche der Gräser

Die meisten Grasarten lieben einen durchlässigen Boden in sonniger Lage, das gilt ganz besonders für die meisten Süßgräser. Tonige und lehmige Böden kann man mit Sand und Splitt vermischen, dadurch läuft das Wasser besser ab und Staunässe wird vermieden. Auf Sandböden können viele Gräser wachsen, jedoch sollte man hier Humus in Form von Kompost einbringen, damit das Wasser nicht zu rasch versickert.

Ganz besonders gut gedeihen hier alle silbernen und graulaubigen Arten wie *Festuca*, *Stipa*, *Pennisetum*, *Schizachyrium* oder *Helictotrichon*. Auch höhere Gräser gedeihen gut in solchen

Böden. Als Nachbarn sollten Sie Stauden mit ähnlichen Farbtönen wählen, also beispielsweise *Eryngium*, *Artemisia* und verschiedene *Allium*-Arten.

Verdichtete Bodenarten wie Tonböden sind schlecht durchlüftet und halten viel Wasser. Ähnlich sind Sumpfböden oder Plätze am Teichrand. Sie lassen sich gut mit Riedgräsern begrünen. Von den Rispengräsern eignen sich außerdem Pfeifengras und Rohrglanzgras, dazu passt die Sumpf-Schwertlilie.

Verwendung der Gräser im Garten

In diesem Werk sollen vorwiegend die Ziergräser beschrieben werden. Sie sind vielfältig in der Gartengestaltung einsetzbar, dazu zunächst eine kurze Übersicht:

Einjährige Arten: In Stauden- und Sommerflorpflanzungen, Höhepunkte sind Sommer und Herbst. Für gut gedüngte und durchlässige Gartenböden.
Niedere Staudengräser: Für alpine Matten, Tröge, Stein- und Dachgärten. Für magere Böden vorwiegend in sonniger und halbschattiger Lage. Ganzjähriger Aspekt.
Mittelhohe Staudengräser: Für Staudenpflanzungen in Gärten und Parks. Immergrüne Arten für Schattenlagen, Sommergrüne für Beete in sonnigen Bereichen mit guten Gartenböden. Je nach Arten Höhepunkte von Frühling bis Herbst.
Hohe Staudengräser: Vorwiegend für größere Gärten und Parks in Einzelstellung oder Gruppenpflanzungen. Durchlässige, nährstoffreiche Böden in meist

sonniger Lage. Als Hintergrund oder zur Schaffung von Gartenräumen gut geeignet. Höhepunkt der hohen Gräser ist der Herbst, wenn Laub und Blüten voll entwickelt sind. Auch bei Raureif und Schnee können sie den Garten beleben, man darf also im Spätherbst nicht alle Blätter und Halme abschneiden.
Gräser mit bunten Blattfarben (panaschiert): Nur für besondere Plätze in Gärten und Parks. Oft sind diese Sorten empfindlicher als die Art, daher für geschützte Standorte in guten Gartenböden, vorwiegend im Halbschatten. Dauerwirkung.
Gräser am und im Wasser: Benötigen meist naturfeuchte Standorte. Wichtige Arten für Verlandungszonen, auch in unterschiedlichen Wassertiefen, meist stark Ausläufer bildend. Für Wasserflächen aller Art, Schwimmteiche, auch zur biologischen Reinigung von Abwässern. Niedere Arten für den Folienteich im Hausgarten. Hier ist eine Wurzelsperre ratsam, damit keine Beschädigungen an der Teichfolie auftreten. Bei Betonteichen sind die Standorte am Wasserrand auch für Trockenheit liebende Arten geeignet.
Dünengräser: Besitzen ebenfalls lange Ausläufer, bevorzugen aber nährstoffarme, sandige Standorte und vertragen Salzgischt.
Bambusarten: Meist bilden sie verholzte Triebe und ergeben in wenigen Jahren mächtige Dickichte. Sie können mit ihren oft mehrere Meter langen Ausläufern Schäden an Bauten anrichten, daher ist eine Wurzelsperre notwendig.
Wenn man weiß, wo die Gräser in der Natur gedeihen, können schon die schlimmsten Fehler im Garten vermie-

den werden. Vieles kann man bereits am Habitus erkennen.

Gräser mit dunkelgrünen, oft immergrünen und breiten Blättern sollten stets im Schatten von Gehölzen oder Gebäuden verwendet werden. Sie sind Kinder des Waldes und lieben einen humosen Boden.

Arten in grauen oder blauen Farbtönen stammen aus der Steppe. Sie brauchen einen vollsonnigen Standort, viel Wärme und einen durchlässigen, ja sogar steinigen Boden. Solche Arten sind auch für die Begrünung von Dachflächen geeignet, ebenso für den Steingarten oder das Alpinum.

Im Hausgarten greift man eher zu horstbildenden Grasarten, welche sich nicht so rasch ausbreiten.

Ob man Gräser einzeln oder in Gruppen verwendet, hängt einmal vom vorhandenen Platz und von der Mächtigkeit der Gräser ab.

Hohe Staudengräser wie Chinaschilf (*Miscanthus*) werden möglichst einzeln im Staudenbeet verteilt, damit sie gut zur Wirkung kommen. Bei längeren Beeten wirkt auch eine rhythmische Wiederholung der gleichen Art hervorragend. Schöne Beispiele findet man in englischen Staudengärten. Als geeignete Partner empfehlen sich hierzu höher wachsende Beetstauden wie Herbst-Astern, Taglilien und Montbretien. Höhere Arten benötigen hin und wieder eine Düngergabe. Diese kann im Frühling aus Komposterde bestehen, die man vor dem Austrieb auf den Beeten verteilt.

Auch auf Mittelstreifen von Straßen lassen sich Sorten von *Miscanthus sinensis* gut verwenden. Der hohe Wuchs und die reiche Blüte zieren einige Monate. Natürlich sind sie zudem als frei wachsende Hecke verwendbar. Sie können als Sicht- und Windschutz dienen sowie einen grünen Hintergrund für farbenfrohe Stauden bieten.

Mittelhohe Gräser wirken einzeln und in kleinen Gruppen. Man sollte mindestes drei Exemplare jeder Sorte zusammenpflanzen. In kurzer Zeit wachsen diese zu einer kleinen Fläche zusammen. Viele Wildstauden passen zu dieser Pflanzung. Auch zu verschiedenen Rosen eignen sich blaugrüne Gräser hervorragend, also beispielsweise schöne Sorten des Blauschwingels zu Polyantharosen und mittelhohe Gräser zu höheren Beetrosen. Stets sollte aber die Rose dominieren.

Niedere Grasarten können gut flächig gepflanzt werden, damit höhere Stauden sich besser vom einfarbigen Untergrund abheben. Je nach Wuchskraft der einzelnen Art benötigt man 12–25 Pflanzen je Quadratmeter. Im Gegensatz zum Rasen sind diese Flächen auch nach der Einwurzelung meist nicht trittfest.

Im Porträtteil finden Sie zu jeder vorgestellten Grasart eine Angabe zur Geselligkeit (nach Hansen und Müssel), d. h. eine Empfehlung, ob das jeweilige Gras eher in Gruppen gepflanzt werden sollte oder einzeln besser zur Geltung kommt.

Farbe und Form

Vorwiegend verwenden wir Gräser wegen der grazilen Form der Blätter. Schon allein die unterschiedlichen Grün-, Grau- und Blautöne sowie die Blattformen sind faszinierend.

Dass man blaue und schmalblättrige Sorten an trockenen und sonnigen

Plätzen verwenden sollte, da dies ihrem natürlichen Standort entspricht, ist allgemein bekannt. Manche Gräser, wie *Imperatia*, verfärben sich im Herbst goldgelb oder gar rot und bringen dann ganz neue Aspekte in den Garten.

Braunlaubige Gräser wie *Carex buchananii* und *Carex comans* stammen ursprünglich aus Neuseeland, wo sie an feuchten Bachrändern zu finden sind. Bei uns vertragen sie solche Standorte nicht, denn sie würden den Winter dort nicht überstehen. Sie sollten also an trockenen Plätzen zusammen mit Stachelnüsschen vergesellschaftet werden, welche ebenfalls aus Neuseeland in unsere Gärten gekommen sind.

Breitblättrige und immergrüne Arten sind eher schattenliebend und gehören in die Nähe von Gehölzen und in humusreichen Boden gepflanzt.

Wer Freude an panaschierten Formen hat, der sollte diese auffälligen Pflanzen aber besser nicht im Naturgarten verwenden, sondern eher in Kombination mit züchterisch bearbeiteten Gehölzen und Beetstauden. Außerdem sind viele gelb- oder weißgrüne Sorten empfindlich gegen vollsonnige Standorte.

Viele Gräser erfreuen uns noch im Laufe des Sommers mit auffälligen Blütenformen. Diese bilden einen großartigen Kontrast zu den linearen Blättern. Die einzelnen Blüten sind zwar winzig klein, doch die Blütenstände sind so vielfältig in ihren Formen, dass man immer wieder erstaunt ist. Da gibt es zarte Ähren, verzweigte Rispen und Trauben in immer wieder neuen Varianten. Die meisten sind grün, die dichten Wedel der Pampasgräser und die langen, gedrehten Grannen der Federgräser leuchten dagegen strahlend weiß, silbern bis hellbraun schimmern die lockeren Blütenstände der Chinaschilfe. Die borstigen Blütenstände der Lampenputzergräser (*Pennisetum*) und die abgeflachten Fruchtstände des Plattährengrases sind braun, ganz dunkel die steifen Ähren des Pfeifengrases.

All diese verschiedenen Formen und Farben sollte man mit sommerblühenden Stauden und Einjahresblumen kombinieren. Mittelhohe Gräser mit

Blühender Blau-Schwingel vermittelt zwischen den kontrastierenden Blütenfarben der Rose und des Zier-Salbei.

Eine wunderbare Zusammenstellung im Herbst: *Miscanthus*, *Sedum* und Astern.

ihrer meist lichten Gestalt lockern bunte Beete auf und trennen die oft knalligen Farben der Sommerblumen voneinander.

Gräser passen wunderbar zu Stauden, im trockenen Milieu z. B. zu verschiedenen niedrigen und mittelhohen Fetthennen (*Sedum*) und Hauswurztuffs (*Sempervivum*), aber auch zu Seidenpflanzen (*Asclepias*) oder Goldgarbe (*Achillea*). Einfach blühende Dahlien und viele andere Sommerblumen werden kombiniert mit einjährigen Gräsern wie Samtpfötchen (*Lagurus*) oder Lampenputzergras (*Pennisetum villosum* und *P. orientale*).

Gräser am Wasser

Eine ganze Anzahl Gräser fühlt sich am Bach- und Teichrand wohl, einige Arten vertragen auch dauernd einen nassen Fuß.

Neben vielen Binsen (*Juncus*) und Seggen (*Carex*) sind hier auch die Rohrkolben (*Typha*) zu erwähnen, die nahe verwandt mit den Gräsern sind, aber eine eigene Familie bilden. Ihre Blüten- und Fruchtstände bilden einen auffälligen braunen Kolben. Im Garten sind hier eher die niedrigeren und zierlichen Arten verwendbar.

In den Sümpfen und Mooren unserer Heimat sind auch viele Gräser anzutreffen, die feuchte Standorte bevorzugen. Häufig trifft man hier die Pfeifengräser, *Molinia*, an.

Auch zur Reinigung von Abwässern kann man Gräser einsetzen, denn ihre Wurzeln sind in der Lage, das Wasser zu filtern. Eine weitere Rolle spielen

Gräser bei der Rekultivierung von stillgelegten Tagebauflächen, weil sie sie am raschesten begrünen.

Viele Gräser der Sumpfzone bilden lange Rhizome, sie breiten sich daher stark aus. In kurzer Zeit ist ein kleiner Teich völlig zugewachsen, wenn man dem Wachstum keinen Einhalt gebietet. Es ist daher sinnvoll, den Ausbreitungsdrang zu begrenzen und stark wachsende Arten in Gefäße zu pflanzen, welche dann am Teichrand ins Wasser abgesenkt werden. Die Wassertiefe ist bei den einzelnen Arten unterschiedlich. Während man Schilf und

Wildblumenwiese mit Klatschmohn und Gräsern.

Rohrkolben tiefer setzen kann, vertragen dies andere Arten nicht so gut, weil sie keine mit Luft gefüllten Halme besitzen.

Rasen und Wildblumenwiesen

In unserer Gartenkultur spielt der Rasen eine dominante Rolle. Sei es als Zier- und Gebrauchsrasen für Parks und Hausgärten oder als Spiel- und Sportrasen für Fußball- und Golfplätze. In allen Fällen werden dafür besonders ausgelesene Rasenzüchtungen verwendet. Diese Hochleistungssorten müssen vor allem schnitt- und trittfest sein, eine dunkelgrüne Färbung aufweisen und wenig anfällig gegen Krankheiten sein. Außerdem sollen sich mögliche Lücken im Rasen sehr rasch schließen können. Dies gelingt am besten mit Ausläufer treibenden Arten. Hinzu kommt, dass sie ein rasches Wachstum aufweisen sollten, welches natürlich auch von der Pflege abhängt. Stark strapazierte Grünflächen müssen entsprechend oft gemäht, gedüngt, gewalzt und auch belüftet werden.

Um schnell eine dichte Rasenfläche zu erhalten, werden spezielle Sorten von Rasengräsern mit Stolonen, also Ausläufern, geliefert und dann in dichten Reihen gepflanzt. Noch einfacher ist die Verlegung von Rollrasen, wie es in den großen Sportstadien üblich ist. Die Anzucht und Vorbereitung zur Verlegung übernehmen Spezialfirmen mit entsprechenden Maschinen.

Einen völlig anderen Charakter haben Wildblumenwiesen. Vorbilder gibt es genug in den Alpen oder den Mittelgebirgen. Am schönsten sind diese Wiesen im Mai und Juni, kurz vor der

Schöne Kombination aus Morgenstern-Segge (*Carex grayi*) und Storchschnabel (*Geranium*).

Heuernte. In den bunten Wiesen leuchten Margeriten und Skabiosen, Klatschmohn und Kornblumen, den Hauptanteil aber bilden verschiedene Grasarten.

Wenn man diese Blütenpracht in den Garten übertragen möchte, sollte man auch an die Pflege denken. Diese Wiesen müssen ein- bis zweimal jähr-

lich gemäht werden. Im Garten allerdings erst dann, wenn die Samen reif geworden sind. Dann können diese ausfallen und im kommenden Jahr wieder keimen. Man muss jedoch wissen, dass solche Blumenwiesen nicht immer ordentlich aussehen. Sie sollen außerdem nicht so oft betreten werden. Aber viele Insekten und Vogelar-

Gräser in Gefäßen kann man immer wieder neu arrangieren – im Garten, auf der Terrasse oder dem Balkon.

ten werden sich zahlreich im Garten einstellen.

In solch einer Wiese werden vornehmlich Wildgräser wie Goldhafer, Knaulgras und Zittergras Verwendung finden. Wenn man im Herbst auch noch Narzissen und andere Wildblumenzwiebeln einbringt, wirken im Frühling erst die bunten Blüten der Zwiebelgewächse. Wenn diese verblüht sind und einziehen, überspielen im Vorsommer die blühenden Gräser die braun werdenden Stängel und Blätter.

Gräser in Gefäßen

Zunehmend werden auf Ausstellungen, Märkten und in Gartencentern Gräser aus fernen Ländern angeboten. Diese sehen in ihren Gefäßen zwar hübsch aus, doch spätestens im November muss man überlegen, wie man diese Pflanzen gut über den Winter bringt. Auch wenn die Arten im ausgepflanzten Zustand schon einige Winter überstanden haben, im Kübel herrschen andere Bedingungen. Der Frost kann nämlich von allen Seiten auf die Wurzeln einwirken. Wenn man größere Kübel mit immergrünen Gräsern im Freien lassen muss, sollte man die Gefäße mit Noppenfolie oder Kokosmatten umwickeln. Hat man dagegen die Möglichkeit, sie frostfrei zu überwintern, darf man nicht vergessen, sie immer wieder mit Wasser zu versorgen. Dies soll aber in Maßen geschehen, denn Staunässe ist gefährlicher als eine gelegentliche Trockenheit.

Floristik

Die Floristen haben längst die vielfältigen Formen und Farben der Gräser entdeckt. Sie verwenden die grazilen Blätter als Auflockerung, die breitblättrigen Arten als Basis für Gestecke und Vasenschmuck. Und die Blüten und Fruchtstände der Gräser setzen interessante Akzente. Man kann die frisch geschnittenen Halme einzeln oder in Büscheln verwenden, muss aber darauf achten, dass sich manche Arten bei Trockenheit einrollen.

Die meisten Grasarten sind in der Trockenbinderei verwendbar. Dazu sollte man sie meist ernten, bevor die Vollreife eingesetzt hat. Denn sonst könnten die Fruchtstände, z. B. von *Me-*

lica ciliata oder *Cortaderia selloana*, zerfallen und die Samen weithin verbreitet werden. Manche Arten, wie *Typha*, kann man mit Haarspray ansprühen, damit sie länger ihre Kolbenform behalten. In die Vase kommt dann kein Wasser, damit die Stängel nicht faulen.

Pflegemaßnahmen

Schnitt
Am richtigen Standort benötigen Gräser nur wenig Pflege. Möchte man allerdings die Ausbreitung durch Selbstaussaat, z. B. von *Melica ciliata*, verhindern, dann sollte man vor der Reife die Fruchtstände abschneiden. Bei vielen Arten, beispielsweise *Miscanthus*, reifen die Samen bei uns nicht aus, daher kann man die Fruchtstände lange wirken lassen.

Gerade im Winter bringen viele Fruchtstände noch Leben in einen Garten, besonders wenn Schnee und Raureif die Halme verzieren. Das Laub bietet zusätzlich einen gewissen Schutz vor dem Frost, außerdem finden manche Tiere darunter einen Unterschlupf.

Spätestens im Vorfrühling werden dann die vertrockneten Halme kurz über dem Boden abgeschnitten, damit sich die neuen Triebe entwickeln können. Auch braun gewordene Triebe der immergrünen Gräser landen jetzt auf dem Kompost.

Vermehrung
Die Vermehrung durch Samen ist bei den meisten Gräsern die beste und preiswerteste Möglichkeit, in Kürze viele Nachkommen zu erzeugen.

Man erntet die Samen an einem trockenen Tag kurz vor der Vollreife

Die Blütenstände von *Panicum virgatum* 'Rehbraun' sind mit Raureif überzogen, die Blätter leuchten immer noch orangerot.

und bewahrt sie trocken und luftig in einer Papiertüte auf. Im Frühling werden die Samen dann in einem Topf in Vermehrungssubstrat ausgesät und mit einer gesiebten Torf-Sand-Mischung bedeckt. Nach dem Angießen wird der Topf an einen warmen Ort gestellt, nach wenigen Tagen beginnt die Keimung. Sobald sich die Sämlinge bedrängen, werden sie vereinzelt und kommen in größere Töpfe.

Feine Grassamen werden im Frühling flächig ausgesät. Größere Mengen werden sofort ins Freiland in gelockerten und planierten Boden ausgebracht, etwa bei der Ansaat einer Blumenwiese oder dem Rasen. Mit einer Harke bringt man dann die Samen mit dem Boden in Verbindung und walzt anschließend die gesamte Fläche ab. Die Saatmischungen, abgestimmt auf die jeweiligen Standortverhältnisse und den gewünschten Zweck, sind im Handel erhältlich.

In der Natur werden die leichten Samen der Gräser vom Wind verbreitet, das kann man auch im eigenen Garten beobachten. Besonders prächtig sind viele Steppengräser wie Federgras, *Stipa*, zur Zeit der Samenreife. Ihre Samen werden durch die langen Federn weithin getragen und können an anderen Standorten schöne Bestände bilden. Dabei bohren sich die schweren, spitzigen Samenkörner in den Boden, angetrieben durch einen spiralförmig gedrehten Stiel. Ist der Same im Boden, wird die nun unnütz gewordene Feder abgetrennt.

Möchte man die Federgräser vermehren, füllt man Multiplatten mit einem durchlässigen Vermehrungssubstrat und steckt in jeden Minitopf je einen der etwa 2 cm langen Samen mit der Spitze senkrecht hinein. Die langen federartigen Grannen werden vorher abgetrennt. Dies geschieht am besten im Frühling, nachdem man die Samen über den Winter trocken aufbewahrt hat. Nach der Keimung entwickeln sich die büschelförmigen Wurzeln. Wenn diese das Töpfchen ausgefüllt haben, werden sie in einen größeren Topf mit etwas kräftigerer Erde verpflanzt.

Das schöne Wimperperlgras, *Melica ciliata*, kann durch seinen Vermeh-

rungsdrang im Garten gelegentlich lästig werden. Es ist zwar horstbildend, aber die Samen keimen in jeder noch so kleinen Spalte und die Pflanzen lassen sich dort kaum noch entfernen.

Die Teilung ist eine sichere Möglichkeit, sofort ansehnliche Pflanzen zu erhalten.

Von großen Horsten, z.B. Chinaschilf und Pampasgras, gräbt man mit dem Spaten größere Teilstücke aus. Die Spitzhacke kann dabei gute Dienste leisten. Kleinere Horstgräser wie Schwingel werden ganz ausgegraben und mit dem Messer in faustgroße Stücke geteilt.

Von den Ausläufer treibenden Arten kann man einfach die Ausläufer abstechen und an den neuen Standort bringen. Bei vielen Bambusarten, beispielsweise *Fargesia nitida*, ist dies allerdings eine schweißtreibende Angelegenheit.

Die beste Jahreszeit zur Teilung ist immer das Frühjahr. Grundsätzlich ist es sinnvoll, Gräser im Frühling zu pflanzen, damit sie im Laufe des Jahres gut einwurzeln. Dabei muss der Boden häufig mit Sand abgemagert, also durchlässiger gemacht werden.

Winterschutz

Nicht alle Grasarten überstehen den Winter ohne Probleme. Viele stammen aus klimatisch günstigeren Ländern. Wenn ein Gras in Freiburg prächtig gedeiht, so kann es in Garmisch oder Hamburg kümmern oder gar eingehen. Die Ursache liegt am unterschiedlichen Klima. Den notwendigen Winterschutz muss man daher auf das jeweilige Klima abstimmen.

Deutschland wird in mehrere Klimazonen eingeteilt. Die günstigsten

Einjährige Gräser (Lampenputzergras) lockern Schmuckpflanzungen auf.

Bereiche liegen demnach am Kaiserstuhl, am Rhein und seinen Nebenflüssen, also in den Weinbaugebieten. Die höheren Lagen der Mittelgebirge und der Alpen sind dagegen am ungünstigsten. Dort wird man Pampasgräser nur selten zur Blüte bringen können. Neben den tiefen Temperaturen im Winter kann auch wochenlange Nässe eine entscheidende Rolle spielen. Dann verfaulen die Wurzeln, wenn man keine Vorkehrungen zum Schutz der empfindlichen Arten getroffen hat.

Eingewurzelte Gräser werden im Herbst mit einer Laubschicht umgeben, welche möglichst trocken bleiben soll. Eine zusätzliche Abdeckung mit Folie ist daher ratsam. Frische Pflanzungen sollten bis zum Anwachsen durchweg einen Schutz erhalten.

Beim Pampasgras empfiehlt es sich, die Halme im Herbst schopfartig zu-sammenzubinden, damit so wenig Feuchtigkeit wie möglich eindringen kann. Zusätzlich hat sich auch hier eine Umhüllung mit Laub oder Folie bewährt. Im April wird dann die Abdeckung entfernt und geprüft, ob ein Rückschnitt bis zum Boden erforderlich ist. Sind die Blätter noch grün, werden sie geschont, denn jede Neubildung kostet die Pflanze viel Kraft. Bei allen Arbeiten mit dem Pampasgras sollten Sie besonders auf einen Schutz der Hände achten, denn die Blattränder sind messerscharf. Auch viele Seggen und die Schneide (*Cladium*) haben ihren Namen nicht zu Unrecht.

Weitere Arten, die im Winter geschützt werden sollten, sind *Arundo donax*, *Carex fraseri*, *Pennisetum orientale* und *Themeda triandra*. Eine Laubschicht ist ausreichend.

Erläuterungen

Die wissenschaftliche Benennung der
Pflanzen mit mindestens zwei Namen,
also Gattungs- und Artnamen (binäre
Nomenklatur), geht auf den schwedi-
schen Naturforscher Carl von Linné
zurück, der im Jahre 1753 sein wich-
tigstes Werk über die Klassifizierung
des Pflanzenreiches veröffentlichte.
Seine Arbeiten sind heute noch als
Grundlagen für die Systematik der
Pflanzennamen wichtig.

Innerhalb einer Pflanzenfamilie er-
folgt die Gliederung nach Gattungen,
Arten, Unterarten und Sorten. Die Sor-
ten (Cultivare) entstanden durch
Züchtung oder Auslese in der Kultur.
Die Sortennamen werden in einfache
Anführungszeichen gesetzt, z.B. 'Au-
rea'.

Die Pflanzen in diesem Werk sind in
alphabetischer Reihenfolge nach Gattungen und Arten geordnet.

Neben den botanischen Namen sind
auch die gebräuchlichen deutschen
Namen aufgeführt, ebenso die Familie.

Für die wichtigen Aspekte der Un-
terscheidungsmerkmale wurde eine
Anzahl von besonderen Zeichen entwickelt, die in einem speziellen Daten-
block zusammengefasst sind.

Verwendete Symbole

✥ Wuchshöhe/Blütenhöhe zur
Blütezeit

✪ Blütezeit (Monate in römischen
Ziffern)

❧ Geselligkeit (Empfehlungen zur
Pflanzenverwendung nach Han-
sen und Müssel):
I: In Einzelstellung oder kleinen
Tuffs
II: In kleinen Trupps von
3–10 Pflanzen
III: In größeren Gruppen von
10–20 Pflanzen
IV: In größeren Kolonien, flächig

♃ Staude

☉ Einjährige

♄ Gehölz

Ⓦ Warmhaus

Ⓚ Kalthaus

ⓌⓀ sowohl Warm- als auch Kalthaus

Abkürzungen

subsp.: Subspecies = Unterart mit von
der Art abweichenden Merkmalen

var.: Varietät = Varietät mit abweichenden Merkmalen

Syn.: Synonym = überholter Neben-
name

×: Kreuzung zweier nah verwand-
ter Gattungen oder Arten

ISU-Staude: Stauden, die in Sichtungs-
gärten hinsichtlich ihres Gartenwertes
und ihrer Eignung für den Anbau geprüft und von der Internationalen
Stauden Union ausgezeichnet wurden.
Qualitätskennzeichnung einer Staude.

Bei der Beschreibung der Lebensbereiche der Gräser werden zunächst die
gebräuchlichen Abkürzungen (nach
Hansen und Stahl) zur Übersicht verwendet. Sie bezeichnen einerseits den
bevorzugten Platz im Garten, wie Beet
(B), Freifläche (Fr), Gehölzrand (GR),
zwischen Gehölzen (G), in Steinanlagen und Trögen (St) oder Felsmatten
(M) und am Wasserrand (WR). Ande-
rerseits geben sie den Wasserbedarf
an: 1 bedeutet trockener Standort, 2
frischer und 3 feuchter Boden. Der Zu-
satz so (sonnig), hs (halbschattig)
bzw. s (schattig) gibt weitere Hinweise
zum gewünschten Standort. Bei jedem
Gräserporträt wird die Bedeutung der
Abkürzung erläutert.

Ziergräser
von A bis Z

 5/10–15 cm 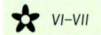 VI–VII   II

 30/70 cm   V–VI   II

Alopecurus lanatus

Zottiger Fuchsschwanz
Poaceae, Rispengrasgewächse

Heimat: Hochgebirge Kleinasiens.
Wuchsform: Polsterbildend, horstig.
Blatt: Wintergrün, silbergrau, filzig, lanzettlich.
Blüte: Weißgrün, unscheinbar.
Frucht: Karyopse.
Standort: Nährstoffarme, durchlässige Böden.
Lebensbereiche: FS, 1, so: Felssteppe; trocken; sonnig. Auch St, 1, so.
Verwendung: Sonnige Stellen im Alpinum.
Vermehrung: Teilung.
Besonderes: Liebt feinerdereiche Schotterböden; auch für das Alpinenhaus.

Alopecurus pratensis 'Aureovariegatus'

Gold-Fuchsschwanz
Poaceae, Rispengrasgewächse

Heimat: Züchtung.
Wuchsform: Polster, lockerhorstig.
Blatt: Wintergrün, gelb-grün gestreift, schmal.
Blüte: Blassgelbe Ähre.
Frucht: Karyopse.
Standort: Humoser, nährstoffreicher Boden in sonniger Lage.
Lebensbereiche: Fr, 2, so: Freifläche; frisch; sonnig.
Verwendung: Einzeln oder in kleinen Gruppen auf Beeten.
Vermehrung: Teilung.
Besonderes: Selbstaussaat verhindern, bringt grüne Halme hervor.

 60/100–120 cm   VI–VIII   II–III

 40–60/150 cm   VII–IX   I

Ammophila arenaria

Strandhafer
Poaceae, Rispengrasgewächse

Heimat: Europa, Östliches Mittelmeergebiet, Nordafrika.
Wuchsform: Aufrecht, lange, unterirdische Ausläufer bildend.
Blatt: Wintergrün, graugrün, 30–60 cm lang, oft eingerollt.
Blüte: Dichte Rispe walzenförmig, 8–22 cm lang.
Frucht: Karyopse.
Standort: Sonnige, magere und durchlässige Sandböden, erträgt Salzböden.
Lebensbereiche: Fr, 1–2, so: Freiflächen; trocken bis frisch; sonnig.
Verwendung: Befestigung von Sanddünen, Pionierpflanze.
Vermehrung: Teilung, Abtrennung der Ausläufer.
Besonderes: Kann wuchern.

Andropogon gerardii

Bartgras
Poaceae, Rispengrasgewächse

Heimat: Nordamerika: Von Kanada bis Mexiko.
Wuchsform: Horstig, überhängend.
Blatt: Sommergrün, blaugrün, schmal, im Herbst rot.
Blüte: Silbrige Ährenbüschel.
Frucht: Karyopse.
Standort: Sonnige, auch feuchtere Böden.
Lebensbereiche: Fr, 1–2, so: Freifläche; trocken bis frisch; sonnig.
Verwendung: Einzeln in Wildstaudenpflanzungen.
Vermehrung: Teilung, auch Aussaat.
Arten: *Andropogon hallii* (Foto) äußerlich *A. gerardii* sehr ähnlich, verträgt mehr Trockenheit.
Sorten: 'Präriesommer', 150 cm hoch, kompakt.
Besonderes: Nicht optimal standfest.

 10–20/ 30–50 cm   V–VI   II ♃

 30/ 50 cm   VII–VIII   II ♃

Anthoxanthum odoratum

Wohlriechendes Ruchgras
Poaceae, Rispengrasgewächse

Heimat: Europa, Westasien, Sibirien.
Wuchsform: Horstig, aufrecht.
Blatt: Sommergrün, mattgrün, spitzig.
Angenehmer Duft.
Blüte: Blaßgelbe Ähren, duftend.
Frucht: Karyopse.
Standort: Sonnige, auch absonnige Lagen.
Lebensbereiche: Fr, 1–3, so–abs: Freifläche;
trocken bis feucht; sonnig bis absonnig. Auch
für Heideflächen.
Verwendung: Durchlässige, schwach saure
Böden.
Vermehrung: Teilung und Aussaat.
Besonderes: Heu duftet nach Cumarin.

Arrhenatherum elatius subsp. bulbosus 'Variegatus'

Gestreifter Knollen-Glatthafer
Poaceae, Rispengrasgewächse

Heimat: Züchtung.
Wuchsform: Horstbildend, aufrecht.
Blatt: Sommergrün, grün-weiß gestreift, schmal.
Blüte: Rispe, weiß bis blaßgelb. Blüht selten.
Frucht: Karyopse.
Standort: Humose Böden in voller Sonne.
Lebensbereiche: Fr, 2, so–b: Freifläche; frisch;
sonnig; beetstaudenähnlich.
Verwendung: Einzeln oder in kleinen Gruppen in
Staudenbeeten.
Vermehrung: Teilung im Frühling.
Besonderes: Am Grund verdickte, knollenartige
Knoten.

 300–400 cm   VII–VIII   I ♃

 30–120 cm   VI–VIII   II ♃

Arundo donax

Pfahlrohr
Poaceae, Rispengrasgewächse

Heimat: Südeuropa; weltweit verbreitet.
Wuchsform: Rhizombildend, aufrecht.
Blatt: Sommergrün, bis 8 cm breit, graugrün, leicht überhängend.
Blüte: Weiße Rispe über dem Laub, in Mitteleuropa selten.
Frucht: Karyopse.
Standort: Geschützte Lagen in voller Sonne.
Lebensbereiche: Fr, 3, so: Freifläche; feucht; sonnig. Auch frische Böden.
Verwendung: Durchlässige, humose, nährstoffreiche Böden.
Vermehrung: Teilung durch Abtrennung der dicken Stolonen.
Sorten: 'Versicolor' (Foto), weiß-grün gestreift.
Besonderes: Benötigt in Mitteleuropa Winterschutz! Oder Überwinterung im Kalthaus.
Ähnliche Art: *Arundo plinii*, Pfeilrohr.

Bolboschoenus maritimus

(Syn. Scirpus maritimus)
Strand-Binse
Cyperaceae, Riedgrasgewächse

Heimat: Europa.
Wuchsform: aufrechte Staude, rhizombildend.
Blatt: flach, 3–8 mm breit, Stängel dreikantig.
Blüte: hellbraun, zusammengesetztes Köpfchen, lange Hochblätter.
Frucht: dreikantig, schwarzbraun, glänzend.
Standort: Wasserrand, Wasserstand bis 40 cm, sumpfig, sonnig.
Lebensbereiche: WR, 4, so–hs; WR, 5, so–hs: Wasserrand; sumpfig bis dauernass; sonnig bis halbschattig.
Verwendung: Teichufer, nährstoffreiche Böden.
Vermehrung: Ausläufer abtrennen.
Hinweise: Verträgt auch Brackwasser, wuchert!

 20/ 80 cm   VII–IX   II   20/ 25–40 cm   VII–VIII   II

Bouteloua curtipendula

Kurzhängendes Moskitogras
Poaceae, Rispengrasgewächse

Heimat: Östliches Nordamerika bis Argentinien.
Wuchsform: Horstig, aufrecht mit hängenden Ährchen.
Blatt: Sommergrün, mattgrün, schmal.
Blüte: Gelbbraune, einseitswendig hängende Ährchen.
Frucht: Karyopse.
Standort: Nährstoffarme Böden in voller Sonne.
Lebensbereiche: Fr, 1, so: Freifläche; trocken; sonnig. Auch Felssteppe.
Verwendung: Wildstaudenpflanzungen.
Vermehrung: Teilung, Aussaat.
Besonderes: Schöner Fruchtschmuck; wärmeliebende Pflanze. Blätter mit roter Herbstfärbung.

Bouteloua gracilis

Moskitogras, Haarschotengras
Poaceae, Rispengrasgewächse

Heimat: Südwesten der USA, Mexiko.
Wuchsform: Horstig, aufrecht.
Blatt: Sommergrün, matt braungrün, schmal.
Blüte: Waagerecht abstehende Ährchen an zarten Stielen.
Frucht: Karyopse.
Standort: Sonnige und warme, durchlässige Böden.
Lebensbereiche: FS, 1–2, so: Felssteppe; trocken bis frisch; sonnig. Auch Freifläche.
Verwendung: Für Präriepflanzungen, Alpinum.
Vermehrung: Teilung, Aussaat.
Besonderes: Vasenschnitt.

 25/ 50 cm   VI–VIII   I ♃

 30/ 70–90 cm VI–VIII   II ♃

Brachypodium pinnatum

Fieder-Zwenke
Poaceae, Rispengrasgewächse

Heimat: Europa, Westasien, Nordafrika.
Wuchsform: Ausläuferbildend, aufrecht, bogig überhängend.
Blatt: Sommergrün, hellgrün, schmal.
Blüte: Grüne, zylindrische Ährchen.
Frucht: Karyopse.
Standort: Kalkmagerrasen in sonniger Lage.
Lebensbereiche: Fr, 1–2, so: Freifläche; trocken bis frisch; sonnig. Auch Gehölzrand.
Verwendung: Wildstaudenpflanzungen, Böschungsbefestigung.
Vermehrung: Aussaat.
Besonderes: Verbreitet sich durch Ausläufer. Stängel unbehaart. Wird nicht abgeweidet, dadurch weite Verbreitung.

Brachypodium sylvaticum

Wald-Zwenke
Poaceae, Rispengrasgewächse

Heimat: Europa, Westasien, Sri Lanka, Nordwestafrika, Kanaren.
Wuchsform: Horstig, überhängend.
Blatt: Sommergrün, grün, weich, locker behaart.
Blüte: Zierliche Ähre mit zylindrischen Ährchen und langen Grannen, grün.
Frucht: Karyopse.
Standort: Feuchte Wald- und Gehölzränder.
Lebensbereiche: GR, 2–3, abs: Gehölzrand; frisch bis feucht; absonnig.
Verwendung: Humose Böden im Halbschatten.
Vermehrung: Teilung, Aussaat.
Besonderes: Sät sich gerne selbst aus.
Ähnliche Art: *Bromus*-Arten.

 25–40/ 30–45 cm VI–VII II   20/ 40 cm V–VII II

Briza maxima

Großes Zittergras
Poaceae, Rispengrasgewächse

Heimat: Europa bis Zentralasien.
Wuchsform: Aufrecht, horstig, einjährig.
Blatt: Zweizeilig, linealisch, 10–15 cm lang, glänzend grün.
Blüte: Hängende Ähre in Zapfenform, 2–3 cm lang, grün, später gelblich.
Frucht: Karyopse.
Standort: Durchlässige Böden in sonniger Lage.
Lebensbereiche: Fr, 1, so: Freiflächen; trocken; sonnig.
Verwendung: Beete, Rabatten, Schnitt, vor allem als Trockenblume.
Vermehrung: Aussaat Mitte März unter Glas.
Besonderes: Grösste Früchte der Gattung.
Hinweise: Trockensträusse nach unten im Schatten aufhängen.
Ähnliche Art: *B. media*, heimisches Zittergras, kleinere Blüten, ausdauernd.

Briza media

Mittleres Zittergras, Herz-Zittergras
Poaceae, Rispengrasgewächse

Heimat: Asien, Mittel- und Südeuropa.
Wuchsform: Aufrecht, lockerhorstig.
Blatt: Linealisch, zugespitzt.
Blüte: Grüne, herzförmige Ährchen an lockeren Blütenrispen.
Frucht: Karyopse, hellbraun, herzförmig.
Standort: Magerwiesen in sonniger Lage in humosen Böden.
Lebensbereiche: SH, 1–2, so: Steppenheide; trocken bis frisch; sonnig; auch Matten.
Verwendung: Wildstaudenpflanzungen, Vasenschnitt, Trockensträusse.
Vermehrung: Aussaat im Frühling, Teilung.
Besonderes: Auch zur extensiven Dachbegrünung verwendbar.

 30/80 cm V–VII II

 40/60 cm VI–VII II

Bromus erectus

Aufrechte Trespe
Poaceae, Rispengrasgewächse

Heimat: Europa, Nordwestafrika.
Wuchsform: Horstig, aufrecht.
Blatt: Sommergrün, grün, schmal, Rand bewimpert.
Blüte: Doldenrispe, rötlich.
Frucht: Karyopse.
Standort: Kalkreiche, magere Böden in sonniger Lage.
Lebensbereiche: Fr, 1–2, so: Freifläche; trocken bis frisch; sonnig. Auch Steppenheide.
Verwendung: Halbtrockenrasen.
Vermehrung: Teilung, großflächig durch Aussaat.
Sorte: 'Skinner's Gold', goldgelb gestreifte Halme.
Besonderes: Anspruchslose Art für Böschungen und Wegränder.
Ähnliche Art: *Bromus tectorum*, einjährig.

Bromus macrostachys

Langgrannige Trespe
Poaceae, Rispengrasgewächse

Heimat: Mittelmeergebiet.
Wuchsform: Aufrecht, leicht überhängend, horstig, einjährig.
Blatt: Zweizeilig, linealisch, leicht behaart.
Blüte: Ähren an verzweigter Rispe, lange Grannen, grün, später braun.
Frucht: Karyopse mit langer Granne.
Standort: Durchlässige Böden in sonniger Lage.
Lebensbereiche: Fr, 1, so: Freifläche; trocken; sonnig.
Verwendung: Beete, Schnitt, Trockenbinderei.
Vermehrung: Aussaat ab Mitte März unter Glas. Sandige Humusböden.
Besonderes: Trockensträusse nach unten im Schatten aufhängen.
Hinweise: Schnitt nach voller Entwicklung, aber in grünem Zustand.

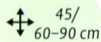 45/60–90 cm   VII–VIII   I ♃

Bromus ramosus

Wald-Trespe
Poaceae, Rispengrasgewächse

Heimat: Europa, Westasien, Nordwestafrika.
Wuchsform: Horstig, locker, überhängend.
Blatt: Sommergrün, dunkelgrün, 1 cm breit, behaart.
Blüte: Ährchen an nickenden Rispen
Frucht: Karyopse.
Standort: Unter Gehölzen in kalkhaltigen Lehmböden.
Lebensbereiche: GR, 2–3, abs: Gehölzrand; frisch bis feucht; absonnig.
Verwendung: Halbschattige Gehölzränder und Wälder.
Vermehrung: Teilung, Aussaat.
Besonderes: Schönes Solitärgras.

 10–15 cm   VII–VIII   III ♃

Buchloe dactyloides

Büffelgras
Poaceae, Rispengrasgewächse

Heimat: Nordamerika: Kanada bis Texas.
Wuchsform: Rasenbildner durch oberirdische Ausläufer.
Blatt: Sommergrün, graugrün.
Blüte: Zweihäusig, männliche Blüten einseitswendig, weibliche spiralig.
Frucht: Karyopse.
Standort: Gras der Kurzgrasprärie, anspruchslos, wärmeliebend.
Lebensbereiche: Fr, 1, so: Freifläche; trocken; sonnig.
Verwendung: Flächige Bodenbegrünung, Rasenersatz. Erosionsschutz.
Vermehrung: Aussaat, Teilung.
Besonderes: Verträgt Dürre, Schnitt, wichtige Futterpflanze der Bisons.

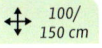 100/150 cm VI–VIII I

 80/130 cm VII–VIII I

Calamagrostis × acutiflora 'Karl Foerster'

Foersters Reitgras, Sandrohr
Poaceae, Rispengrasgewächse

Heimat: Nördliches Eurasien: Heimischer Wild-bastard (C. arundinacea × C. epigejos).
Wuchsform: Horstig, straff aufrecht.
Blatt: Sommergrün, grün, schmal, aufrecht.
Blüte: Dunkelgrüne Rispen, später gelbbraun, steril.
Frucht: Keine.
Standort: Normale Gartenböden in voller Sonne.
Lebensbereiche: Fr, 2, so: Freifläche; frisch; sonnig. Auch trockene Freiflächen.
Verwendung: Einzeln oder in kleinen Gruppen.
Vermehrung: Teilung.
Sorte: 'Waldenbuch', wächst schwächer.
Besonderes: Stark wachsend, Schnittpflanze, standfest. ISU-Staude.

Calamagrostis × acutiflora 'Overdam'

Gestreiftblättriges Reitgras, Sandrohr
Poaceae, Rispengrasgewächse

Heimat: Züchtung.
Wuchsform: Horstig, straff aufrecht.
Blatt: Sommergrün, grün-weiß gestreift, schmal, aufrecht.
Blüte: Dunkelgrüne Rispen, später gelbbraun, steril.
Frucht: Keine.
Standort: Normale Gartenböden in voller Sonne.
Lebensbereiche: Fr, 2, so: Freifläche; frisch; sonnig. Auch trockene Freiflächen.
Verwendung: Einzeln oder in kleinen Gruppen.
Vermehrung: Teilung.
Besonderes: Schnittpflanze mit schwächerem Wuchs.

 70/100 cm   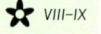 VIII–IX   I

 50/120–150 cm   V–VI   II

Calamagrostis brachytricha

Diamantgras, Zierliches Reitgras
Poaceae, Rispengrasgewächse

Heimat: Korea, Japan.
Wuchsform: Straff aufrecht, horstbildend.
Blatt: Wintergrün, dunkelgrün, leicht überhängend.
Blüte: Lockere Blütenrispen, graugrün.
Frucht: Karyopse.
Standort: Durchlässige Gartenböden in sonniger Lage.
Lebensbereiche: Fr, 2, so: Freifläche; frisch; sonnig. Auch Gehölzrand.
Verwendung: Einzeln in Staudenrabatten.
Vermehrung: Aussaat, auch Teilung.
Besonderes: Herrliche Schmuckwirkung, guter Tauträger.

Carex acuta

(Syn. Carex gracilis)
Schlanke Segge
Cyperaceae, Riedgrasgewächse

Heimat: Europa bis Westasien.
Wuchsform: Überhängend, bildet Ausläufer.
Blatt: Sommergrün, mittelgrün, 4–8 mm schmal.
Blüte: An dreikantigem Stängel, Blütenstand bis 30 cm lang, nickend. Weibliche Ähren bis 10 cm, männliche bis 5 cm lang.
Frucht: Fruchtschläuche gelbbraun.
Standort: Humose, nährstoffreiche Böden im Halbschatten.
Lebensbereiche: WR, 4, so–hs: Wasserrand; sumpfig; sonnig bis halbschattig. Auch im flachen Wasser.
Verwendung: Wasserrand, Landschaftspflanzungen.
Vermehrung: Teilung.
Sorten: 'Aureovariegata', gelb gestreift.

 40/60 cm V–VI   II 10/20–40 cm V–VI   I

Carex appropinquata

Sonderbare Segge
Cyperaceae, Riedgrasgewächse

Heimat: Europa bis Sibirien.
Wuchsform: Horstbildende Art.
Blatt: Sommergrün, mittelgrün, 2–3 mm schmal.
Blüte: An dreikantigem Stängel, Blütenstand wenig verzweigt, schlank, dichte Ähren bis 6 cm lang, gelb.
Frucht: Fruchtschläuche matt gelbbraun.
Standort: Humose, nährstoffreiche Böden im Halbschatten.
Lebensbereiche: WR, 4, so–hs: Wasserrand; sumpfig; sonnig bis halbschattig. Auch im flachen Wasser.
Verwendung: Wasserrand.
Vermehrung: Teilung.
Besonderes: Wächst schwach.
Ähnliche Art: *Carex paniculata*, bis 100 cm hoch.

Carex baldensis

Monte-Baldo-Segge
Cyperaceae, Riedgrasgewächse

Heimat: Südost-Alpen, auch im Allgäu.
Wuchsform: Lockere Horste bildend.
Blatt: Graugrün, 2–3 mm breit, Stängel dreikantig.
Blüte: Endständig, kopfig, weiß, bis 2 cm groß, meist 2 Hochblätter.
Frucht: Fruchtschläuche weiß bis gelbbraun.
Standort: Trockenrasen auf Kalk, lehmig-humose Böden, sonnig.
Lebensbereiche: St, 2, so–abs: Steinanlagen; frisch; sonnig bis absonnig.
Verwendung: Steingärten, alpine Matten.
Vermehrung: Teilung.
Besonderes: Bestäubung durch Insekten!

 25–50/ 50 cm    VII–VIII   II

 30/ 20 cm   VII   I

Carex buchananii

Fuchsrote Segge
Cyperaceae, Riedgrasgewächse

Heimat: Neuseeland.
Wuchsform: Aufrecht-überhängend, horstig.
Blatt: Sehr schmal, eingerollt, ganzjährig rotbraun gefärbt.
Blüte: Unscheinbare Ähren braun, 4 cm lang.
Frucht: Nüsschen in braunen Ähren.
Standort: In der Heimat an Bächen, bei uns eher an trockeneren Plätzen.
Lebensbereiche: Fr, 2–3, so: Freifläche; frisch bis feucht; sonnig. Felssteppe.
Verwendung: In sauren Böden mit *Acaena* und *Hebe* oder Heidearten.
Vermehrung: Teilung und Aussaat im Frühling.
Besonderes: Leichter Winterschutz vorteilhaft.

Carex comans

Neuseeland-Segge
Cyperaceae, Zyperngrasgewächse

Heimat: Neuseeland.
Wuchsform: lockerhorstig, dicht, überhängend.
Blatt: Wintergrün, rotgrün, bis 1 mm breit.
Blüte: dunkelbraun, an langen Stielen.
Frucht: Fruchtschläuche oft liegend.
Standort: Feuchte Wiesen, in der Heimat oft neben Bächen.
Lebensbereiche: Fr, 2–3, so: Freifläche; frisch bis feucht; sonnig.
Verwendung: In durchlässigen, humosen Böden.
Vermehrung: Teilung.
Sorte: 'Bronco'.
Besonderes: Erträgt in Mitteleuropa keine nassen Standorte. Leidet im Winter.
Ähnliche Art: *C. buchananii.*

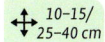 10–15/ 25–40 cm   IV–V   II   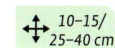 10–15/ 25–40 cm   III–V   II

Carex conica

Kegelförmige Segge
Cyperaceae, Riedgrasgewächse

Heimat: Japan.
Wuchsform: Horstig, mit kurzen Ausläufern.
Blatt: Immergrün, schmal lanzettlich, 2–4 mm breit.
Blüte: Aufrechte, endständige Ähre.
Frucht: Fruchtschläuche selten.
Standort: Halbschattige, humose Plätze.
Lebensbereiche: GR, 2, hs: Gehölzrand; frisch; halbschattig.
Verwendung: Zu Schattenstauden unter Gehölzen.
Vermehrung: Teilung.
Sorte: 'Snowline', weiß gerandete Blätter.
Besonderes: Gut winterhart.

Carex digitata

Finger-Segge
Cyperaceae, Riedgrasgewächse

Heimat: Europa, Kaukasus, Westsibirien.
Wuchsform: Aufrecht, horstig.
Blatt: Wintergrün, grün, schmal.
Blüte: Hellbraun, unscheinbar.
Frucht: Wenig Fruchtschläuche.
Standort: Humose Böden im Halbschatten.
Lebensbereiche: G, 2, hs–sch: Gehölz; frisch; halbschattig bis schattig. Auch Gehölzrand.
Verwendung: Unter Gehölzen in humosen Böden.
Vermehrung: Teilung, Aussaat.
Besonderes: Heimische Art in krautreichen Mischwäldern.

 30–50/ 50 cm   IV–V   I

 5/ 10–20 cm   V–VI   II

Carex elata 'Aurea'

Steife Segge
Cyperaceae, Riedgrasgewächse

Heimat: Züchtung. Die Art ist in Europa heimisch.
Wuchsform: Horstig, aufrecht, locker überhängend.
Blatt: Sommergrün, leuchtend-gelb mit grünem Rand, schmal.
Blüte: Blaßgelbe Ähre.
Frucht: Gelbbraune Fruchtschläuche.
Standort: Humose, frische bis feuchte Böden.
Lebensbereiche: GR, 2–3, hs: Gehölzrand; frisch bis feucht; halbschattig.
Verwendung: Einzeln im Schattenstaudenquartier.
Vermehrung: Teilung; Aussaat ergibt teils grünlaubige Typen.
Sorten: 'Knighthayes', völlig gelbe Mutation.
Besonderes: Die Sorte 'Aurea' ist identisch mit 'Bowle's Golden'.

Carex firma

Polster-Segge
Cyperaceae, Riedgrasgewächse

Heimat: Mittel- und Südeuropa.
Wuchsform: Polster bildende Rosetten.
Blatt: Immergrün, steif, bis 5 cm lang, 2–3 mm breit, dunkelgrün.
Blüte: Ähre bis 5 cm lang, an dreikantigem Stiel.
Frucht: Braune Fruchtschläuche.
Standort: Alpine Matten, kalkliebend.
Lebensbereiche: St, FS, A: Steinanlagen, Felssteppe, Alpinum.
Verwendung: Steingärten, Tröge, Kalkfelssteppe, sonnig bis halbschattig.
Vermehrung: Teilung.
Sorten: 'Bärbel', blaugrüne, glänzende Blätter, Halbschatten.
Besonderes: Durchlässige Böden.

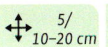 5/ 10–20 cm   V–VI   II ♃

 5–15/ 20–80 cm   V–VI   II   ♃

Carex firma 'Variegata'

Gestreifte Polster-Segge
Cyperaceae, Riedgrasgewächse

Heimat: Züchtung.
Wuchsform: Polster bildende Rosetten.
Blatt: Immergrün, steif, bis 5 cm lang, 2–3 mm breit, gelbgrün gestreift.
Blüte: Ähre bis 5 cm lang, an dreikantigem Stiel.
Frucht: Braune Fruchtschläuche.
Standort: Alpine Matten, kalkliebend.
Lebensbereiche: St, FS, A: Steinanlagen, Felssteppe, Alpinum.
Verwendung: Steingärten, Tröge, Kalkfelssteppe, sonnige bis absonnige Lagen.
Vermehrung: Teilung.
Besonderes: Durchlässige Böden, wächst langsam.

Carex flacca

Schlaffe Segge, Blaugrüne Segge
Cyperaceae, Riedgrasgewächse

Heimat: Mitteleuropa, Südeuropa.
Wuchsform: Ausläufer treibend, aufrecht.
Blatt: Sommergrün, steif, blaugrün, 2–5 mm breit.
Blüte: Stängel dreikantig, aufrecht, 5–15 cm lang.
Frucht: Dunkelrotbraune hängende Ähren.
Standort: Lehmig feuchte, kalkreiche Hänge. Anspruchslos.
Lebensbereiche: Fr, 2, so: Freifläche; frisch; sonnig. Auch Steppenheide und Gehölzrand.
Verwendung: Extensive Begrünung von Rohböden.
Vermehrung: Teilung, Abtrennen der Ausläufer.
Sorte: 'Bias', mit gelbem Mittelstreifen.
Besonderes: Anspruchsloser Bodenfestiger.

 30–50 cm   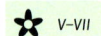 V–VII   II

 20/15–40 cm   III–IV   II

Carex flava

Gelbe Segge
Cyperaceae, Riedgrasgewächse

Heimat: Europa, Himalaja, Nordwestafrika, Nordamerika.
Wuchsform: Aufrecht, locker, Ausläufer bildend, Stängel dreikantig.
Blatt: Sommergrün, gelblichgrün, schmal.
Blüte: Ähre mit 1 cm dicken, kugeligen weiblichen Blüten.
Frucht: Schläuche bis 7 mm lang.
Standort: Flachmoore, Schlammige Böden.
Lebensbereiche: WR, 4, so: Wasserrand; sumpfig; sonnig. Auch feuchter Gehölzrand.
Verwendung: Zur Rekultivierung von feuchten Böden, Wasserrand.
Vermehrung: Teilung.
Besonderes: Auffällige, kugelige, morgensternartige Blütenköpfe.
Ähnliche Art: *Carex grayi*, Morgensternsegge.

Carex fraseri

(Syn. Cymophyllus fraseri)
Frühlingsschnee-Segge
Cyperaceae, Riedgrasgewächse

Heimat: USA: Appalachen.
Wuchsform: Horstig, breitet sich flächig aus.
Blatt: Immergrün, blaugrün, flach und glatt, 2–3 cm breit.
Blüte: Kopfig, schneeweiß.
Frucht: Fruchtähre wird selten gebildet.
Standort: Feuchte, humose Böden im Halbschatten.
Lebensbereiche: GR, 2, abs: Gehölzrand; feucht; absonnig.
Verwendung: Für saure Humusböden, Moorgarten.
Vermehrung: Teilung.
Besonderes: Blatt ohne Mittelrippe.

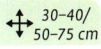 30–40/ 50–75 cm VII–VIII II

 20/ 30 cm VI II

Carex grayi

Morgenstern-Segge
Cyperaceae, Zyperngrasgewächse

Heimat: Atlantisches Nordamerika.
Wuchsform: Aufrecht, horstig.
Blatt: Sommergrün, 5–9 mm schmal, band-
förmig, im Herbst gelblich.
Blüte: Unscheinbare Köpfchen.
Frucht: Auffällige Köpfchen in Form einer
Stachelkeule.
Standort: Im Frühling feuchte Wiesen in
sonniger Lage.
Lebensbereiche: Fr, 3, so–hs: Freifläche; feucht;
sonnig bis halbschattig. Auch sumpfig.
Verwendung: Wasserrand, Schnitt, Trocken-
sträusse.
Vermehrung: Teilung, Aussaat im Frühling.
Besonderes: Anpassungsfähig, versamt sich an
zusagenden Plätzen.

Carex hachijoensis 'Evergold'

(Syn. C. morrowii 'Ingwersen')
Grünrand-Gold-Segge
Cyperaceae, Riedgrasgewächse

Heimat: Züchtung, die Art aus Japan.
Wuchsform: Horstig, überhängend.
Blatt: Immergrün, goldgelb gestreift mit weiß,
auf grünem Grund.
Blüte: Gelbe Ähre.
Frucht: Braungelbe Ähren mit Nüsschen.
Standort: Saure Humusböden im Halbschatten.
Lebensbereiche: G, 2. hs: Gehölz; frisch; halb-
schattig. Auch Gehölzrand.
Verwendung: Einzeln oder in kleinen Tuffs im
Schattengarten.
Vermehrung: Teilung.
Besonderes: Auffällige Pflanze, nur für Gärten
und Parks.

✛ 20/15 cm ✦ III–IV ⋮ II ♃

Carex humilis

Niedrige Segge
Cyperaceae, Riedgrasgewächse

Heimat: Eurasien.
Wuchsform: Horstig, rasenbildend.
Blatt: Sommergrün, grün, 2–3 mm breit.
Blüte: Stängel bis 10 cm hoch, männliche Ähre gelb, endständig.
Frucht: Gelbbraune Fruchtschläuche 3 mm lang.
Standort: Trocken-warme Hügel und Felsen bis in die montane Stufe.
Lebensbereiche: FS, 1, so: Felssteppe; trocken; sonnig. Auch für Steinanlagen.
Verwendung: Steingärten, Trockenrasen auf kalkigen Lehmböden.
Vermehrung: Teilung.
Sorte: 'Hexe'.
Besonderes: Dankbarer Nachbar zu *Pulsatilla*, *Adonis*, *Daphne cneorum*.
Ähnliche Art: *Carex montana*.

✛ 15/20–30 cm ✦ III–V ⋮ II ♃

Carex montana

Berg-Segge
Cyperaceae, Riedgrasgewächse

Heimat: Europa, Kaukasus, Westsibirien.
Wuchsform: Horstig, rasenbildend, hexenringartig.
Blatt: Sommergrün, grün, 1,5–2 mm breit.
Blüte: Stängel bis 15 cm lang, dreikantig, männliche Ähre gelb, endständig.
Frucht: Gelbbraune Fruchtschläuche 4 mm lang.
Standort: Trockene Wiesen bis in die subalpine Stufe.
Lebensbereiche: GR, 1–2, so–hs: Gehölzrand; trocken bis frisch; sonnig bis halbschattig. Auch Felssteppe.
Verwendung: Steingärten, Magerrasen auf Lehmböden, kalkliebend.
Vermehrung: Teilung.
Besonderes: Auffällig im Frühling durch die Hexenringbildung.

 30/ 40 cm III–V II   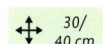 30/ 40 cm III–IV II

Carex morrowii

Japan-Segge
Cyperaceae, Riedgrasgewächse

Heimat: Japan.
Wuchsform: Horstig, bogenförmig.
Blatt: Immergrün, dunkelgrün, breit, lederig.
Blüte: Ähre gelbbraun.
Frucht: Braune Fruchtschläuche, wenig auffällig.
Standort: Waldpflanze in humosen, kalkarmen Böden.
Lebensbereiche: G, 2, hs: Gehölz; frisch; halbschattig. Auch Gehölzrand.
Verwendung: Unterpflanzung im Gebäude- oder Gehölzschatten.
Vermehrung: Teilung.
Sorte: 'Variegata', mit schmalem, weißen Streifen.
Besonderes: Ausdauernder Flächendecker. Die Art ist leider wenig verbreitet.

Carex morrowii 'Fisher' ('Fisher's Form')

Fisher's Japan-Segge
Cyperaceae, Riedgrasgewächse

Heimat: Züchtung.
Wuchsform: Horstig, bogenförmig.
Blatt: Immergrün, dunkelgrün, 12 mm breit, Rand cremegelb.
Blüte: Ähre gelbbraun.
Frucht: Braune Fruchtschläuche, wenig auffällig.
Standort: Waldpflanze in humosen, kalkarmen Böden.
Lebensbereiche: G, 2, hs: Gehölz; frisch; halbschattig. Auch Gehölzrand.
Verwendung: Unterpflanzung im Gebäude- oder Gehölzschatten.
Vermehrung: Teilung.
Sorte: 'Gilt', mit breitem, gelben Streifen.
'Icedance' (Foto) mit gelblich weißen Streifen.
Besonderes: Langsamer Wuchs, frühe Blüte.

 30/ 40 cm   III–V   II

 50–70/ 70 cm   VII–VIII   II

Carex morrowii 'Silver Sceptre'

Silber-Japan-Segge
Cyperaceae, Riedgrasgewächse

Heimat: Züchtung.
Wuchsform: Locker horstig, weich überhängend.
Blatt: Wintergrün, bläulichgrün mit dünnen weißen Streifen, 6 mm breit.
Blüte: Ähre gelbbraun.
Frucht: Braune Fruchtschläuche, wenig auffällig.
Standort: Waldpflanze in humosen, kalkarmen Böden.
Lebensbereiche: G, 2–3, hs: Gehölz; frisch bis feucht; halbschattig. Auch Gehölzrand.
Verwendung: Unterpflanzung im Gehölz-schatten.
Vermehrung: Teilung.
Besonderes: Mattenbildner durch kurze Ausläufer.

Carex muskingumensis

Palmwedel-Segge
Cyperaceae, Riedgrasgewächse

Heimat: Nordamerika.
Wuchsform: Horstbildend, aufrecht bis bogig überhängend.
Blatt: Sommergrün, braungrün, 6–12 mm breit.
Blüte: Braune Blütenköpfchen am Ende der Triebe.
Frucht: Braune Fruchtschläuche.
Standort: Waldrandpflanze auf sauren Böden.
Lebensbereiche: Fr, 3, so–abs: Freifläche; feucht; sonnig bis absonnig. Auch Gehölzrand.
Verwendung: Einzeln oder in kleinen Trupps im Halbschatten.
Vermehrung: Teilung, Aussaat.
Sorten: 'Wachtposten' ist standfester; 'Silber-streif' mit weißen Streifen. 'Little Midge', Zwergsorte mit 20 cm Höhe.
Besonderes: Nicht ganz standfest, Blätter palmwedelartig angeordnet.

 15/ 15 cm   IV–VI   II

 40–60/ 120 cm   VI–VII   I

Carex ornithopoda

Vogelfuß-Segge
Cyperaceae, Riedgrasgewächse

Heimat: Europa.
Wuchsform: Lockerhorstig, überhängend.
Blatt: Sommergrün, mittelgrün.
Blüte: Ährenstängel oben etwas gebogen, ähnlich einem Vogelfuß.
Frucht: Fruchtschläuche zerstreut behaart.
Standort: Lichte Stellen im Wald, bis hinauf in die alpine Zone.
Lebensbereiche: G, 1–2, hs: Gehölz; trocken bis frisch, halbschattig. Auch Gehölzrand.
Verwendung: Kalkreiche, humose Böden unter Eichen und Kiefern.
Vermehrung: Teilung.
Sorten: 'Variegata' (Foto), weiß gestreifte Blätter, etwas empfindlich. Diese Sorte ist weiter verbreitet als die Art.
Ähnliche Art: *Carex digitata*, Finger-Segge, wird etwas höher.

Carex pendula

Hänge-Segge, Riesen-Segge
Cyperaceae, Riedgrasgewächse

Heimat: Europa, Kaukasus, Mittelasien, Nordafrika.
Wuchsform: Horstig, weit ausladend überhängend.
Blatt: Immergrün, mattgrün, breitlinealisch, glänzend, bis 15 mm breit.
Blüte: In 10 cm langen, senkrecht herabhängenden Ähren.
Frucht: Mehrere weibliche, gelbbraune Ähren.
Standort: Feuchte und schattige Waldpartien.
Lebensbereiche: G, 2–3, hs: Gehölz; frisch bis feucht; halbschattig. Auch Gehölzrand.
Verwendung: Einzelstellung in größeren Gärten und Parks.
Vermehrung: Teilung im Frühling.
Besonderes: Benötigt viel Platz.

 20–30/ 30–40 cm V–VI II ♃

 50/ 90 cm VI–VII II ♃

Carex plantaginea

Immergrüne Breitblatt-Segge,
Wegerich-Segge
Cyperaceae, Riedgrasgewächse

Heimat: Östliches Nordamerika.
Wuchsform: Horstig.
Blatt: Immergrün, 10–25 cm breit, gelblichgrün.
Blüte: Ähren lang gestielt, gelbbraun.
Frucht: Braune Fruchtschläuche.
Standort: Humusreiche, saure Böden im Halbschatten.
Lebensbereiche: G, 2–3, hs: Gehölz; frisch bis feucht; halbschattig. Auch Gehölzrand.
Verwendung: Unter Bäumen und Sträuchern, zu Farnen.
Vermehrung: Teilung.
Besonderes: Schutz vor Wintersonne, verträgt zeitweilige Trockenheit.

Carex pseudocyperus

Scheinzypergras-Segge
Cyperaceae, Riedgrasgewächse

Heimat: Europa, Nordamerika, Ostasien, Neuseeland.
Wuchsform: Überhängende Staude, Ausläufer bildend.
Blatt: Wintergrün, breitlinealisch, mattgrün, 0,8–1,2 cm breit.
Blüte: Hängende, gelbgrüne, weibliche Ährchen 3–6 cm lang, in Büscheln, männliche Ährchen dünner.
Frucht: geschnäbelte Fruchtschläuche gelblich.
Standort: Wassernahe Gebiete, Sumpfzonen.
Lebensbereiche: WR, 4, so–hs, auch WR, 5, so–hs: Wasserrand; sumpfig bis dauernass, sonnig bis halbschattig.
Verwendung: Für große Wasseranlagen.
Vermehrung: Teilung.
Hinweise: Wertvolle Wildstaude, wärmeliebend.

 100/ 120 cm V–VI I 　　 10–20 cm III–IV I

Carex riparia

Ufer-Segge
Cyperaceae, Riedgrasgewächse

Heimat: Eurasien.
Wuchsform: Ausläufer bildend, aufrecht.
Blatt: Sommergrün, graugrün, bis 15 mm breit.
Blüte: Aufrechte, gestielte Ähren, um 6 cm lang, bis 14 mm dick.
Frucht: Weibliche Ähren zur Reife hängend, Fruchtschläuche gelbgrün.
Standort: An sonnigen See- und Bachufern.
Lebensbereiche: WR, 4, so: Wasserrand; sumpfig; sonnig.
Verwendung: Für größere Teiche, Seen und zur Rekultivierung.
Vermehrung: Teilung, Abtrennen der Ausläufer, Aussaat.
Sorte: ‘Variegata’, weiße Blattränder, wächst schwächer.
Besonderes: Nicht für kleine Gartenteiche geeignet.

Carex siderosticha

Breitblatt-Segge
Cyperaceae, Riedgrasgewächse

Heimat: China, Korea, Japan.
Wuchsform: Aufrecht, lockerhorstig.
Blatt: Sommergrün, gelbgrün, breit. Zieht im Winter ein.
Blüte: Ähren rötlich.
Frucht: Geschnäbelt.
Standort: Kalkarme, humose Böden im Halbschatten.
Lebensbereiche: G, 2, hs: Gehölz; frisch; halbschattig. Auch Gehölzrand.
Verwendung: Tröge, unter früh blühenden Sträuchern.
Vermehrung: Teilung im Frühling.
Sorten: ‘Variegata’ (Foto), bunte Breitblatt-Segge, Blätter im Frühling rosa längsgestreift. Liebhaberstaude.
Besonderes: Auffällige Blattschmuckstaude.
Ähnliche Art: *Carex plantaginea.*

 20/
30–70 cm V–VI III   ♃

 10–20/
15–40 cm IV–V II   ♃

Carex sylvatica

Wald-Segge
Cyperaceae, Riedgrasgewächse

Heimat: Europa,Westasien.
Wuchsform: Horstig, aufrecht, leicht über-
hängend.
Blatt: Sommergrün, hellgrün, 3–6 (–9) mm breit.
Blüte: Ähriger Blütenstand bis 25 cm lang, eine
männliche Ähre.
Frucht: Fruchtschläuche braungrün, geschnä-
belt.
Standort: In Wäldern mit humosem, nährstoff-
reichem Boden.
Lebensbereiche: G, 2–3, hs–sch: Gehölz; frisch
bis feucht; halbschattig bis schattig. Auch
Gehölzrand.
Verwendung: Waldnahe Wildstauden-
Pflanzungen.
Vermehrung: Teilung.
Besonderes: In der Höhe variabel.

Carex umbrosa

Schatten-Segge
Cyperaceae, Riedgrasgewächse

Heimat: Europa, Westasien.
Wuchsform: Horstig, bogig überhängend.
Blatt: Wintergrün, grün, steif, 2 mm breit.
Blüte: Ähren 2–3 cm lang, eiförmig.
Frucht: Fruchtschläuche gelblich, behaart.
Standort: Grasige Stellen in Laubwäldern.
Lebensbereiche: G, 2, hs–sch: Gehölz; frisch;
halbschattig bis schattig. Auch Gehölzrand.
Verwendung: Guter Partner für Schatten-
stauden in humosen Lehmböden.
Vermehrung: Teilung.
Besonderes: Verträgt Wurzeldruck von Bäumen.

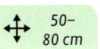 50–80 cm VI–VII II

Carex vesicaria

Blasen-Segge
Cyperaceae, Riedgrasgewächse

Heimat: Eurasien.
Wuchsform: Aufrecht, locker, Ausläufer bildende Sumpfpflanze.
Blatt: Sommergrün, grün, linealisch, Stängel scharf dreikantig.
Blüte: Ähren 2–8 cm lang, gelbgrün.
Frucht: Fruchtschläuche aufgeblasen.
Standort: Feuchte Plätze am Rand größerer Gewässer.
Lebensbereiche: WR, 4, so: Wasserrand; sumpfig; sonnig; auch Freifläche.
Verwendung: Landschaftliche Pflanzungen in Verlandungszonen.
Vermehrung: Teilung.
Besonderes: Bildet Ausläufer.
Ähnliche Art: *Carex rostrata*, Schnabel-Segge, schmalere Blätter, gelbe Schläuche.

 80/100–120 cm VIII–X   II

Chasmanthium latifolium

(Syn. Uniola latifolia)
Plattährengras
Poaceae, Rispengrasgewächse.

Heimat: Nordamerika, Südosten der USA, Florida.
Wuchsform: Locker horstig, aufrecht, bogig überhängend.
Blatt: Sommergrün, 20 mm breit, bis 20 cm lang, grün.
Blüte: Grünliche Ährchen, zwittrig.
Frucht: Nickende, braune Ährchen, zur Fruchtreife plattgedrückt, 30 mm lang.
Standort: Sonnige, warme Plätze mit nährstoffreichen Böden.
Lebensbereiche: Fr, 2, so–hs: Freifläche; frisch; sonnig bis halbschattig. Auch Gehölzrand.
Verwendung: Staudenbeete, Gehölzränder, gut für Vasenschnitt, Trockenblume.
Vermehrung: Aussaat, Teilung.
Besonderes: Rötliche Herbstfärbung.

 200–300 cm   –   I

 120/200–250 cm   VII–VIII   I

Chimonobambusa marmorea

(Syn. Arundinaria marmorea)
Marmorierter Winterbambus
Poaceae, Rispengrasgewächse.

Heimat: Japan.
Wuchsform: Aufrecht, buschförmig, Ausläufer treibend. Rohr braun, silberweiß gesprenkelt, weiße Blattscheiden.
Blatt: Immergrün, grün, 8–15 cm lang, bis 15 mm breit, Queraderung.
Standort: Nährstoffreiche, frische bis feuchte Böden im Halbschatten.
Lebensbereiche: WR, 1–2, hs: Waldrand; frisch bis feucht; halbschattig.
Verwendung: Einzelstellung, auch für Kübelbepflanzung.
Vermehrung: Abtrennen der Ausläufer.
Besonderes: In der Heimat als Hecke verwendet, Sprossen werden gegessen. Pflanze wuchert.

Chionochloa conspicua

Tussockgras
Poaceae, Rispengrasgewächse

Heimat: Neuseeland.
Wuchsform: Horstig, aufrecht bis überhängend.
Blatt: Immergrün, graugrün, hart, steif, rinnig.
Blüte: Lockere Rispen überhängend,cremeweiß.
Frucht: Karyopse.
Standort: Trockene, durchlässige Böden in sonniger Lage.
Lebensbereiche: Fr, 1, so: Freifläche; trocken; sonnig.
Verwendung: Einzeln in Staudenbeeten, an betonierten Teichen.
Vermehrung: Teilung, Aussaat.
Besonderes: Die harte Art ist noch wenig bekannt. Schutz vor Winternässe.
Ähnliche Art: Pampasgras (*Cortaderia selloana*).

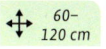 60–120 cm 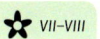 VII–VIII   I

 300–500 (1000) cm   I–II   I

Chrysopogon gryllus

Goldbart
Poaceae, Rispengrasgewächse

Heimat: Südliches Mitteleuropa, Südeuropa, Kleinasien.
Wuchsform: Horstbildend, aufrecht.
Blatt: Sommergrün, mattgrün, 2 bis 4 mm breit, locker behaart.
Blüte: Lockere Rispe, quirlförmige Äste, goldgelber Haarschopf, Granne 4 cm.
Frucht: Karyopse.
Standort: Trockenrasen in felsigen Südhängen, sonnig.
Lebensbereiche: FS, 1, so: Felssteppe; trocken; sonnig. Auch Freifläche.
Verwendung: Einzeln in durchlässigen, nährstoffarmen Böden.
Vermehrung: Teilung, Aussaat.
Besonderes: Nur für warme Lagen, Winterschutz sinnvoll, Fruchtschmuck.

Chusquea culeou

Chilebambus
Poaceae, Rispengrasgewächse

Heimat: Argentinien, Chile.
Wuchsform: Lockere Büsche, aufrecht bis leicht überhängend. Rohr bis 3,5 cm dick, gelbgrün, Nodien alle 15 cm, überall verzweigt.
Blatt: Immergrün, bläulichgrün, bis 7 cm lang, 1 cm breit.
Blüte: Lockere Ähre. Blüht in der Heimat, bei uns selten.
Frucht: Karyopse, Triebe sterben nach der Blüte ab.
Standort: Warme, humose Böden in meist sonniger Lage.
Lebensbereiche: Fr, 1–2, so: Freifläche; trocken bis frisch, sonnig.
Verwendung: Einzeln für große Gärten in milden Klimabereichen. Winterschutz sinnvoll.
Vermehrung: Teilung, Absenker, Aussaat (mit Bodenwärme).

 80/ 180 cm   VI–VIII   II   80/ 200 cm   IX–XI   I

Cladium mariscus

Binsen-Schneide
Cyperaceae, Riedgrasgewächse

Heimat: In Europa heimisch, weltweit verbreitet.
Wuchsform: Aufrecht, locker überhängend, kriechender Wurzelstock.
Blatt: Linealisch, bis 80 cm lang, 1,5 cm breit, wintergrün, unterseits am Kiel und am Blattrand mit scharfen Zähnchen bewehrt.
Blüte: Ährige Blütenköpfe an runden Halmen, über dem Laub, braun.
Frucht: Ährchen mit eiförmigen, braunen Samen.
Standort: Am Rand von Naturteichen.
Lebensbereiche: WR, 4–5, so–hs: Wasserrand; sumpfig, Flachwasser; sonnig bis halbschattig.
Verwendung: Für große Wasserflächen und landschaftliche Pflanzungen.
Vermehrung: Teilung.
Hinweise: Im Garten in Gefäße pflanzen.

Cortaderia selloana

Pampasgras
Poaceae, Rispengrasgewächse

Heimat: Argentinien.
Wuchsform: Aufrecht, horstbildend.
Blatt: Schmal, mattgrün, 100 cm lang, an den Rändern scharf gezähnt, immergrün!
Blüte: Fedrige Rispe, zweihäusig, silbrige Wedel bis 60 cm lang.
Frucht: Weibliche Wedel sind schöner und haltbarer, Samen winzig.
Standort: Vollsonnige Bereiche in warmen Lagen, nährstoffreiche Böden.
Lebensbereiche: FR, 2, so, -b: Freifläche; frisch; sonnig; beetstaudenähnlich.
Verwendung: Einzeln im großen Garten, Parks.
Vermehrung: Teilung im Frühling.
Besonderes: Schnittpflanze, Trockensträuße.
Hinweise: Im Spätherbst Blattschöpfe einbinden, Laubschüttung 20 cm hoch. Starker Rückschnitt der gelben Blätter im April.

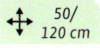 50/120 cm IX–XI I   20/25 cm VI–VIII II

Cortaderia selloana 'Pumila'

Kleines Pampasgras
Poaceae, Rispengrasgewächse

Heimat: Züchtung.
Wuchsform: Aufrecht, horstbildend.
Blatt: Schmal, mattgrün, 50 cm lang, an den Rändern scharf gezähnt.
Blüte: Fedrige Rispe, zweihäusig, silbrige Wedel bis 40 cm lang.
Frucht: Samen winzig.
Standort: Vollsonnige Bereiche in warmen Lagen, nährstoffreiche Böden.
Lebensbereiche: FR, 2, so, -b: Freifläche; frisch; sonnig; beetstaudenähnlich.
Verwendung: Einzeln im Garten.
Vermehrung: Teilung im Frühling.
Besonderes: Schnittpflanze, Trockensträuße.
Hinweise: Im Spätherbst Blattschöpfe einbinden, Laubschüttung.

Corynephorus canescens

Silbergras
Poaceae, Rispengrasgewächse

Heimat: Europa.
Wuchsform: Horstig, Polster bildend.
Blatt: Sommergrün, graugrün, feinblättrig.
Blüte: Silbrige Rispen mit rötlichem Hauch.
Frucht: Karyopse.
Standort: Warme, durchlässige Sandböden in voller Sonne.
Lebensbereiche: Fr, 1, so: Freifläche; trocken; sonnig.
Verwendung: Sonnige Heidepartien, extensive Dachbegrünung.
Vermehrung: Aussaat.
Besonderes: Verbreitung oft durch Selbstaussaat, kurzlebig. Vorwiegend auf sauren Böden.

 30–50 cm   VI–X   I–II   W

 60–80 cm   I–XII   I   WK

Cyperus haspan

Zwerg-Papyrus
Cyperaceae, Riedgrasgewächse

Heimat: Tropische USA.
Wuchsform: Aufrechtes, Rhizom bildendes Gras.
Blatt: Am Ende der knotenlosen Stängel in borstigen Büscheln, dunkelgrün, haarfein, 5–6 cm lang.
Blüte: Kleine Blütchen in büschelförmigen Ährchen, unscheinbar, 0,5 cm.
Frucht: Nüsschen.
Standort: Hell und warm, im Winter etwas kühler. Wassertiefe 10–20 cm.
Verwendung: Sumpfgarten, im Sommer auch im Freien, Kleingewächshaus. Nicht winterharte Warmhaus- bzw. Zimmerpflanze.
Vermehrung: Teilung im Frühling.
Besonderes: Kultur in lehmig-humosem Substrat.
Hinweise: Im Freien Winterschutz erforderlich.

Cyperus involucratus

Zypergras
Cyperaceae, Riedgrasgewächse

Heimat: Tropisches Afrika, Südafrika.
Wuchsform: Aufrechtes, horstbildendes Gras.
Blatt: Grundständig, aber an der Triebspitze schirmartig angeordnet. Schmal linealisch, immergrün, 25–30 cm lang.
Blüte: Kleine Blütchen in rosettenförmigen Ähren am Triebende, gelb, 0,5 cm.
Frucht: Nüsschen.
Standort: Hell und warm, im Winter etwas kühler. Stets feucht halten, Wassertiefe 10–15 cm.
Verwendung: Sumpfgärtchen, am Fensterbrett in wasserdichtem Übertopf. Nicht winterhart.
Vermehrung: Blattschopf-Stecklinge in Wasser legen. Teilung im Frühling.
Besonderes: Nicht austrocknen lassen.
Hinweise: Befall durch Rote Spinne möglich.
Sorte: 'Variegatus', weiß gestreifte Blätter.
Ähnliche Art: *Cyperus alternifolius*, Madagaskar.

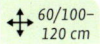 60/100–120 cm VII–VIII I

 1,5–2 m VI–X I

Cyperus longus subsp. longus

Langes Zypergras
Cyperaceae, Riedgrasgewächse

Heimat: Süddeutschland, Südeuropa, Mittel-meergebiet, Ostasien, Afrika.
Wuchsform: Aufrechte Staude, steif, Stängel dreikantig, bildet Ausläufer.
Blatt: Lineallanzettlich, über 60 cm lang.
Blüte: Endständiger Blütenstand 10–30 cm lang, lange Tragblätter, bräunliche Ährchen bis 6 cm lang.
Frucht: dreikantig, rotbraun, 1 mm lang.
Standort: Flachwasser, Wasserrand, sonnig.
Lebensbereiche: WR, 5, so: Wasserrand, dauer-feucht, sonnig.
Verwendung: Landschaftliche Pflanzungen, Solitär, Schnittpflanze.
Vermehrung: Abtrennen der Rhizome, Teilung.
Hinweise: Nicht ausreichend winterhart.

Cyperus papyrus

Papyrus
Cyperaceae, Riedgrasgewächse

Heimat: Zentral-Afrika, in Sizilien eingebürgert.
Wuchsform: Aufrechtes, Rhizom bildendes Gras.
Blatt: Am Ende der blattlosen Stängel in Büscheln, linealisch, immergrün, 25–30 cm lang.
Blüte: Kleine Blütchen in büschelförmigen Ähren am Triebende, gelb, 0,5 cm.
Frucht: Nüsschen.
Standort: Hell und warm, im Winter etwas kühler.
Verwendung: Sumpfgarten, im Sommer auch im Freien, Kleingewächshaus. Nicht winterharte Warmhaus- bzw. Zimmerpflanze.
Vermehrung: Teilung im Frühling. Kultur in lehmig-humosem Substrat.
Besonderes: Im Untersetzer sollte immer etwas Wasser stehen. Aus den gepressten Halmen wurde im alten Ägypten Papier hergestellt.
Hinweise: Befall durch Rote Spinne möglich.

 10–20/ 30–40 cm V–VI II

 60/ 100 cm VI–VII II–III

Dactylis glomerata 'Variegata'

Weißgrünes Knäuelgras
Poaceae, Rispengrasgewächse

Heimat: Züchtung.
Wuchsform: Lockerhorstig, aufrecht.
Blatt: Sommergrün, grün-weiß gestreift.
Blüte: 3–10 cm lange Rispe, geknäult.
Frucht: Karyopse.
Standort: Nährstoffreiche Böden in sonnigen Lagen.
Lebensbereiche: Fr, 2, so, -b: Freifläche; frisch; sonnig; beetstaudenähnlich. Auch noch im Halbschatten.
Verwendung: Staudenbeete, vorwiegend in voller Sonne.
Vermehrung: Teilung.
Besonderes: Blattschmuckpflanze.

Deschampsia cespitosa

Rasen-Schmiele
Poaceae, Rispengrasgewächse

Heimat: Asien, Europa, Nordamerika.
Wuchsform: Horstig, aufrecht, bogig überhängend.
Blatt: Schmallinealisch, wintergrün, im Herbst gelblich.
Blüte: Zierliche Rispe, etagenförmig.
Frucht: Karyopse, winzige Samen.
Standort: Waldlichtungen und feuchte, kalkarme Plätze.
Lebensbereiche: GR, 2–3, so–abs: Gehölzrand; frisch bis feucht; sonnig bis halbschattig.
Verwendung: Vor und zu Gehölzen, einzeln oder in Gruppen in niederen Wildstaudenpflanzungen. Trockensträusse.
Vermehrung: Teilung im Vorfrühling.
Sorten: 'Bronzeschleier', goldbraun, 'Tauträger', lockere Rispen.
Besonderes: Auf Rostpilze achten.

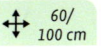 60/100 cm 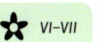 VI–VII II–III

 20/40 cm VI–VII II–III

Deschampsia cespitosa 'Goldtau'

Gelbe Rasen-Schmiele
Poaceae, Rispengrasgewächse

Heimat: Züchtung.
Wuchsform: Horstig, aufrecht, bogig überhängend.
Blatt: Wintergrün, schmallinealisch, goldgelb.
Blüte: Zierliche Rispe, etagenförmig.
Frucht: Karyopse, winzige Samen.
Standort: Waldlichtungen und feuchte, kalkarme Plätze.
Lebensbereiche: GR, 2–3, so–abs: Gehölzrand; frisch bis feucht; sonnig bis halbschattig.
Verwendung: Einzeln oder in Gruppen in niederen Wildstaudenpflanzungen.
Vermehrung: Teilung im Vorfrühling.
Besonderes: Zierliche Erscheinung, besonders gartenwürdig.

Deschampsia flexuosa

Draht-Schmiele
Poaceae, Rispengrasgewächse

Heimat: Nördliche Halbkugel.
Wuchsform: Horstig, aufrecht, bogig überhängend, Rispenhauptachse geschlängelt.
Blatt: Wintergrün, schmallinealisch, ölig-glatt.
Blüte: Zierliche Rispe, etagenförmig.
Frucht: Karyopse, winzige Samen.
Standort: Waldlichtungen und feuchte, kalkarme Plätze (Heideflächen).
Lebensbereiche: G, 1–2, hs: Gehölz; trocken bis frisch; halbschattig. Auch für Gehölzrand.
Verwendung: Vor und zu Gehölzen, einzeln oder in Gruppen in niederen Wildstaudenpflanzungen in sauren Böden.
Vermehrung: Teilung im Vorfrühling, sowie Aussaat im Frühling.
Sorte: 'Mückenschwarm', zierlich, 30 cm hoch.
Besonderes: Zierliche Erscheinung.

 20/ 40 cm    VI–VII   II–III   ♃

 40/ 120 cm   VI   I–II   ♃

Deschampsia flexuosa 'Hohe Tatra', (auch 'Tatra Gold')

Goldene Draht-Schmiele
Poaceae, Rispengrasgewächse

Heimat: Nördliche Halbkugel.
Wuchsform: Horstig, aufrecht, bogig überhängend.
Blatt: Wintergrün, schmallinealisch, gelber Austrieb, vergrünt später.
Blüte: Zierliche Rispe, etagenförmig.
Frucht: Winzige Grassamen (Karyopse).
Standort: Waldlichtungen und feuchte, kalkarme Plätze wie Heideflächen.
Lebensbereiche: G, 1–2, hs: Gehölz; trocken bis frisch; halbschattig; auch für Gehölzrand.
Verwendung: Einzeln oder in Gruppen in niederen Wildstaudenpflanzungen in sauren Böden.
Vermehrung: Teilung im Vorfrühling.
Besonderes: Zierliche Erscheinung.

Elymus magellanicus

(Syn. Agropyron magellanicum)
Magellan-Blaugras
Poaceae, Rispengrasgewächse

Heimat: Südamerika.
Wuchsform: Horstig, locker.
Blatt: Auffällig blau belaubt, 40 cm lang.
Blüte: Lang gestielte Ähre, bis 120 cm hoch, gelb werdend.
Frucht: Karyopse.
Standort: Kühle, luftfeuchte Lagen (Meernähe, Berge).
Lebensbereiche: Fr, 2, so: Freifläche; frisch; sonnig.
Verwendung: Für durchlässige, humose Böden in sonniger Lage.
Vermehrung: Teilung, Aussaat.
Sorte: 'Blue Tango', Naturauslese.
Besonderes: Gelbe Blütenstände als Trockenblumen. Empfindlich gegen Trockenheit im Sommer und Nässe im Winter.

 60/120 cm VI–IX I   30/50 cm VIII–X I–II

Eragrostis curvula

Schwachgekrümmtes Liebesgras
Poaceae, Rispengrasgewächse

Heimat: Südafrika bis Äthiopien.
Wuchsform: Dicht horstig, überhängend.
Blatt: Wintergrün, graugrün, schmal.
Blüte: Doldenrispe, hellbraun, überhängend, 30 cm lang.
Frucht: Karyopse.
Standort: Nährstoffreiche, frische Böden in sonniger Lage.
Lebensbereiche: Fr, 1–2, so: Freifläche; trocken bis frisch; sonnig.
Verwendung: Einzeln in Staudenpflanzungen.
Vermehrung: Teilung, Aussaat.
Besonderes: Versamt sich gern selbst, wärmeliebende Art, dürrefest.

Eragrostis spectabilis

Purpur-Liebesgras
Poaceae, Rispengrasgewächse

Heimat: Süden der USA.
Wuchsform: Horstig, aufrecht.
Blatt: Sommergrün, graugrün, bis 9 mm breit.
Blüte: Blütenrispen violettrosa, locker.
Frucht: Karyopse.
Standort: Nährstoffarme, auch sandige Böden in voller Sonne.
Lebensbereiche: Fr, 1, so: Freifläche; trocken; sonnig.
Verwendung: Einzeln in Staudenrabatten, Vasenschnitt.
Vermehrung: Teilung, Aussaat.
Besonderes: Besonders schöne, rote Herbstfärbung.

 30/30–50 cm   V–VI   II 𝟄

 30/40–60 cm   IV–V   II

Eriophorum angustifolium

Schmalblättriges Wollgras
Cyperaceae, Riedgrasgewächse

Heimat: Asien, Nordamerika, Europa.
Wuchsform: Ausläufer treibendes Gras, mehrjährig, aufrecht, locker überhängend.
Blatt: Schmal, rinnig, 15–30 cm lang, spitz zulaufend, sommergrün.
Blüte: Nickende Dolde mit 3–7 flaumig behaarten Ähren, weiß.
Frucht: Auffällige weiße Wollschöpfe.
Standort: Feuchte und nasse Böden in voller Sonne.
Lebensbereiche: WR, 4, so: Wasserrand; sumpfig; sonnig.
Verwendung: Nur für größere Sumpfgärten.
Vermehrung: Teilung.
Besonderes: Zur Fruchtzeit auffällige Moorpflanze.

Eriophorum latifolium

Breitblättriges Wollgras
Cyperaceae, Riedgrasgewächse

Heimat: Kleinasien, Europa.
Wuchsform: Horstbildendes Gras, mehrjährig, aufrecht, locker überhängend. Stängel dreikantig.
Blatt: Schmal, lanzettlich, 10–30 cm lang, spitz zulaufend, sommergrün.
Blüte: Nickende Dolde mit 5–12 flaumig behaarten Ähren, weiß.
Frucht: Auffällige weiße Wollschöpfe.
Standort: Kalkhaltige Flachmoore in voller Sonne.
Lebensbereiche: WR, 4, so: Wasserrand; sumpfig; sonnig.
Verwendung: Auch für kleinere Sumpfgärten.
Vermehrung: Teilung.
Besonderes: Zur Fruchtzeit sehr auffällig.
Hinweise: Geschützte Pflanze, wuchert nicht.

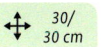 30/30 cm VI–I II ♃   30/40–50 cm IV–V II   ♃

Eriophorum scheuchzeri

Scheuchzers Wollgras, Berg-Wollgras
Cyperaceae, Riedgrasgewächse

Heimat: Asien, Alaska, Grönland, Europa.
Wuchsform: Ausläufer treibendes Gras, mehrjährig, aufrecht.
Blatt: Schmal, binsenartig, 20–30 cm lang, spitz zulaufend, sommergrün.
Blüte: Endständige, flaumig behaarte Ähre, weiß.
Frucht: Auffällige weiße Wollschöpfe.
Standort: Schlammige Böden in voller Sonne, Wassertiefe bis 5 cm.
Lebensbereiche: WR, 4, so: Wasserrand; sumpfig; sonnig.
Verwendung: Nur für größere Sumpfgärten. Im Flachland schwer zu halten.
Vermehrung: Teilung.
Besonderes: Zur Fruchtzeit auffällige Moorpflanze.
Hinweise: In den Bergen über 1500 m Höhe.

Eriophorum vaginatum

Scheiden-Wollgras
Cyperaceae, Riedgrasgewächse

Heimat: Nördlich gemäßigte Zonen von Asien, Alaska, Europa.
Wuchsform: Horstbildendes Gras, mehrjährig, aufrecht mit drahtigen Stielen.
Blatt: Schmal, borstig, 15–30 cm lang, spitz zulaufend, sommergrün.
Blüte: Endständige Dolde mit kopfigen Ähren, gelblich, von einer Scheide umhüllt.
Frucht: Auffällige weiße Wollschöpfe.
Standort: Feuchte und nasse Böden in voller Sonne.
Lebensbereiche: WR, 4, so: Wasserrand; sumpfig; sonnig.
Verwendung: Gut für kleinere Sumpfgärten.
Vermehrung: Teilung.
Sorten: 'Goldrausch', orange; 'Heidelicht', weiß.
Besonderes: Zur Fruchtzeit auffällig.
Hinweise: Wuchert nicht, Polsterbildner.

 200–400 cm   III–V   I

 400–600 cm   III–V   I

Fargesia murieliae

(Syn. Thamnocalamus spathaceus)
Schirmbambus
Poaceae, Rispengrasgewächse

Heimat: Mittelchina: Westhimalaya.
Wuchsform: Straff-aufrecht, dicht buschig. Ausbreitung durch Ausläufer.
Triebe: Schon im ersten Jahr Bildung von Seitentrieben. Rohr gelb, unter den kahlen Blattscheiden weißlich bereift.
Blatt: Immergrün, lanzettlich zugespitzt, blaugrün, bis 15 cm lang, 2 cm breit.
Blüte: Sehr selten, gelb. Erscheint alle 50–80 Jahre. Pflanze stirbt dann ab.
Frucht: Karyopse grün bis braun, selten.
Standort: Frische bis feuchte Lagen.
Lebensbereiche: WR, 2–3, hs: Waldrand; frisch bis feucht; halbschattig.
Verwendung: Einzeln oder in Gruppen in großen Gärten und Parks. Kübel- und Heckenpflanze.
Vermehrung: Teilung.

Fargesia nitida

Fontänenbambus
Poaceae, Rispengrasgewächse

Heimat: Mittel- und Westchina.
Wuchsform: Straff-aufrecht, im Alter mit überhängenden Trieben. Ausbreitung durch sehr kurze Ausläufer. Rohr 4–8 mm dick.
Triebe: Einjährig unverzweigt, steif, im folgenden Jahr Bildung von Seitentrieben. Dunkelgrün. Sterben nach der Blüte ab.
Blatt: Lanzettlich zugespitzt, dunkelgrün, bis 8 cm lang, 1,2 cm breit.
Blüte: Sehr selten, gelb.
Frucht: Wenig auffällig, grün bis braun, selten.
Standort: Frische bis feuchte Lagen.
Lebensbereiche: WR, 2–3, hs: Waldrand; frisch bis feucht; halbschattig.
Verwendung: Einzeln oder in Gruppen in großen Gärten und Parks. Für Kübel und Hecken.
Sorte: 'Eisenach' (Foto).
Vermehrung: Teilung im Frühling.

 15/ 30 cm   V–VI   II   ♃

 5/10 cm   Vi–VII   II   ♃

Festuca alpestris

Gebirgs-Schwingel
Poaceae, Rispengrasgewächse

Heimat: Südostalpen.
Wuchsform: Horstig, auch polsterförmig.
Blatt: Sommergrün, mattgrün, eingerollt, kahl und steif, spitzig.
Blüte: Rispe zusammengezogen, grünlich.
Frucht: Karyopse.
Standort: Nährstoffarme, durchlässige Böden in voller Sonne.
Lebensbereiche: FS, 1, so: Felssteppe; trocken; sonnig. Auch Steppenheide.
Verwendung: Steingärten, extensive Begrünungen in trockenen Bereichen.
Vermehrung: Teilung, Aussaat.
Besonderes: Bildet wenig Blüten, daher pflegearm.

Festuca alpina

Alpen-Schwingel
Poaceae, Rispengrasgewächse

Heimat: Alpen.
Wuchsform: Polsterförmige Horste bildend.
Blatt: Grün, eingerollt, dünn, glatt und weich.
Blüte: Rispe blassgrün, 1,5–3 cm lang.
Frucht: Karyopse.
Standort: Auf Schutthängen, in Spalten von Kalkfelsen, sonnig.
Lebensbereiche: FS, 1, so: Felssteppe; trocken; sonnig. Auch Steppenheide, Steinanlagen.
Verwendung: Auf nährstoffarmen, durchlässigen Böden, extensive Dachbegrünung.
Vermehrung: Teilung im Frühling, Aussaat.
Besonderes: Trockene Felsritzen liebend, für Alpintröge.

 10–20/ 120 cm 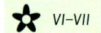 VI–VII   II
 20–30/80 cm   VI–VII   II

Festuca altissima

Wald-Schwingel
Poaceae, Rispengrasgewächse

Heimat: Europa.
Wuchsform: Horstbildend, aufrecht, locker überhängend.
Blatt: Wintergrün, bläulich grün, flach, 4–12 mm breit. Am Blattgrund ohne Öhrchen.
Blüte: Gelbgrüne Rispe, nickend, 10–20 cm lang.
Frucht: Karyopse, unbegrannt.
Standort: Bergwälder, halbschattige, feuchte Humusböden.
Lebensbereiche: GR, 2, so–hs: Gehölzrand; frisch; sonnig bis halbschattig. Auch Gehölz.
Verwendung: Zu Schattenstauden unter Sträuchern.
Vermehrung: Teilung, Aussaat.
Besonderes: Hohes Waldgras.

Festuca amethystina

Amethyst-Schwingel, Regenbogen-Schwingel
Poaceae, Rispengrasgewächse

Heimat: Süddeutschland, Alpen, Südosteuropa bis Kleinasien und Kaukasus.
Wuchsform: Horstig, bogig überhängend.
Blatt: Wintergrün, fein, borstenförmig eingerollt, matt grünblau.
Blüte: Dunkelviolette Rispe, 8–20 cm lang.
Frucht: Samen länglich, Deckspelzen unbegrannt.
Standort: In lockeren Kiefernwäldern, an mageren Stellen.
Lebensbereiche: FS, 1–2, so: Felssteppe; trocken bis frisch; sonnig. Auch Steppenheide.
Verwendung: In kleineren Gruppen in Steppenheidepflanzungen.
Vermehrung: Teilung, Aussaat im Frühling.
Sorte: 'Aprilgrün', blaugrün.
Besonderes: Gut für extensive Dachgärten.

 20/30 cm 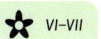 VI–VII II ♃

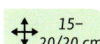 15–20/20 cm VI–VII II   ♃

Festuca cinerea

Blau-Schwingel
Poaceae, Rispengrasgewächse

Heimat: Mitteleuropa, N-Italien, Südostfrankreich.
Wuchsform: Horstartige Polster bildend.
Blatt: Immergrün, dünn, eingerollt, steif aufrecht, matt graublau.
Blüte: Gelblich braune Rispe.
Frucht: Samen länglich.
Standort: An mageren Stellen, sonnig und trocken.
Lebensbereiche: SH, 1, so: Steppenheide; trocken; sonnig. Auch Freifläche.
Verwendung: In kleineren Gruppen in Steingärten, Heidepartien, Gräber, Dachgärten.
Vermehrung: Teilung, Aussaat im Frühling.
Sorten: 'Blauglut'; 'Frühlingsblau', bläuliche Auslesen, 'Zwergenkönig' (Foto).
Besonderes: Auch gut für extensive Dachgärten.

Festuca cinerea 'Elijah Blue'

Blau-Schwingel
Poaceae, Rispengrasgewächse

Heimat: Züchtung (USA).
Wuchsform: Horstig, Polster bildend.
Blatt: Immergrün, dünn, eingerollt, steif aufrecht, stahlblau.
Blüte: Blüht kaum.
Standort: An mageren Stellen, sonnig und trocken.
Lebensbereiche: SH, 1, so: Steppenheide; trocken; sonnig. Auch Freifläche und Felssteppe.
Verwendung: In kleineren Gruppen in Steingärten, Heidepartien, Gräber, Dachgärten.
Vermehrung: Teilung.
Sorte: 'Azurit', tief bläuliche Auslese.
Besonderes: ISU-Staude, auch gut für extensive Dachgärten.

 20/30 cm   V–VI   II

 20/30 cm   VII–VIII   II–III

Festuca filiformis

(Syn. F. tenuifolia)
Haar-Schwingel
Poaceae, Rispengrasgewächse

Heimat: Mittel- und Westeuropa.
Wuchsform: Horstig, dicht, aufrecht.
Blatt: Wintergrün, tiefgrüne, feine Halme.
Blüte: Silbergraue Blütenrispen.
Frucht: Karyopse, ohne Grannen.
Standort: Nährstoffarme Heideböden in voller Sonne.
Lebensbereiche: H, 1–2, so: Heide; trocken bis frisch; sonnig. Auch Freifläche.
Verwendung: Sandige Rasenflächen, Zwerg-strauchheiden, Steingarten.
Vermehrung: Teilung, Aussaat.
Sorte: 'Rhön', grasgrün, wüchsig.
Besonderes: Passt gut zu *Sempervivum* und niederen *Campanula*-Arten.

Festuca gautieri

(Syn. F. scoparia)
Bärenfell-Schwingel
Poaceae, Rispengrasgewächse

Heimat: Pyrenäen.
Wuchsform: Polsterartig, breithorstig, nach Jahren auch flächig.
Blatt: Fein, haarförmig, mattgrün, wintergrün.
Blüte: Gelbliche Rispe.
Frucht: Samen länglich.
Standort: Geröllhänge, an mageren Stellen, in Sonne und Halbschatten.
Lebensbereiche: FS, 1–2, so–abs: Felssteppe; trocken bis frisch; sonnig bis absonnig. Auch Steinfugen und Steinanlagen.
Verwendung: In kleineren Gruppen in Fels-steppenpflanzungen. Als Bodendecker nicht optimal, wird von innen her braun.
Vermehrung: Teilung, Aussaat im Frühling.
Sorte: 'Pic Carlit', gedrungener als die Art.
Besonderes: Gut für Grabstätten.

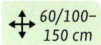 60/100–150 cm   VII–VIII   I

 5/10–15 cm   VI–VII   I–II

Festuca gigantea

Riesen-Schwingel
Poaceae, Rispengrasgewächse

Heimat: Europa bis Asien.
Wuchsform: Lockerhorstig, überhängend.
Blatt: Immergrün, flach, 5–20 mm breit, dunkelgrün.
Blüte: Bis 40 cm lange, grüne Blütenrispe, hängt über.
Frucht: Mit besonders langen, geschlängelten Grannen (10–18 mm).
Standort: Staunasse, saure Waldböden im Halbschatten.
Lebensbereiche: G, 2, hs: Gehölz; feucht; halbschattig. Auch Gehölzrand.
Verwendung: Im Einzelstand an feuchten-Gehölzrändern.
Vermehrung: Teilung, Aussaat (sät sich reichlich selbst aus!).
Besonderes: Größte heimische Schwingel-Art.

Festuca glacialis

Gletscher-Schwingel
Poaceae, Rispengrasgewächse

Heimat: Pyrenäen.
Wuchsform: Lockere Polster bildend.
Blatt: Immergrün, blaugrün, fein.
Blüte: Hellgrüne Rispe.
Frucht: Karyopse.
Standort: Schotterhänge, Silikatböden, in-sonniger Lage.
Lebensbereiche: FS, 1 2, so: Felssteppe; trocken bis frisch; sonnig. Auch Steinfugen und Stein-anlagen.
Verwendung: Zwergiges Gras für das saure Alpinum.
Vermehrung: Teilung.
Besonderes: Ist in kalkreichen Böden kurzlebig. Dachgärten.

 70/ 100 cm    VI–VII   I   ♃

 20/30– 40 cm   VII–VIII   II   ♃

Festuca mairei

Atlas-Schwingel
Poaceae, Rispengrasgewächse

Heimat: Marokko: Atlasgebirge.
Wuchsform: Horstig, überhängend.
Blatt: Wintergrün, graugrün, linealisch, bis 5 mm breit.
Blüte: Rispe, kaum verzweigt, überhängend.
Frucht: Karyopse.
Standort: Durchlässige Böden in voller Sonne.
Lebensbereiche: Fr, 1, so: Freifläche; trocken; sonnig. Auch Felssteppe.
Verwendung: Einzeln an ausgesuchten Standorten, sonnige Plätze.
Vermehrung: Teilung, Aussaat.
Besonderes: Auch zum Schnitt geeignet.

Festuca ovina

Schaf-Schwingel
Poaceae, Rispengrasgewächse

Heimat: Europa, Asien.
Wuchsform: Lockerhorstig, aufrecht.
Blatt: Wintergrün, mattgrau, dünn, borstenförmig.
Blüte: Blütenrispe 5–12 cm lang, grüngelb.
Frucht: Karyopse mit kurzer Granne.
Standort: Magerrasen an sonnigen, humusarmen Plätzen.
Lebensbereiche: SH, 1, so: Steppenheide; trocken; sonnig. Auch Freifläche.
Verwendung: Vielfältig, auch für extensive Dachbegrünung.
Vermehrung: Teilung, Aussaat.
Sorten: 'Harz', dunkelgrün mit roten Spitzen; 'Seeigel', meerblau.
Besonderes: Viele Klone und Auslesen im Handel.

 15/ 20 cm 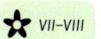 VII–VIII I–II

 10/ 20 cm VI–VII II

Festuca punctoria

Stachel-Schwingel
Poaceae, Rispengrasgewächse

Heimat: Kleinasien.
Wuchsform: Polster mit starren Blättern.
Blatt: Immergrün, steif, stachelartig, blaugrün.
Blüte: Selten zu sehen, Rispe blaugrün.
Frucht: Karyopse.
Standort: Berghänge in durchlässigen, voll-sonnigen Böden.
Lebensbereiche: FS, 1, so: Felssteppe; trocken; sonnig.
Verwendung: Im Alpinum, zusammen mit Sukkulenten.
Vermehrung: Teilung.
Besonderes: Verträgt sommerliche Dürre, aber schlecht Winternässe.

Festuca rupicaprina

Gämsen-Schwingel
Poaceae, Rispengrasgewächse

Heimat: Ostalpen.
Wuchsform: Horstig, aufrecht.
Blatt: Sommergrün, grün, fein.
Blüte: Rispen zur Blütezeit rechtwinkelig abstehend.
Frucht: Karyopse.
Standort: Kalkfelsschutt in voller Sonne.
Lebensbereiche: FS, 1, so: Felssteppe; trocken; sonnig. Auch Matten und Steinanlagen.
Verwendung: Steingärten und Kalkmagerrasen.
Vermehrung: Teilung, Aussaat.
Sorte: ‘Laggin’, wertvolle Auslese, im Herbst rotbraun.
Besonderes: Auch für extensive Dachbegrünung.
Ähnliche Art: *Festuca alpina.*

 10/20–40 cm   V–VI   II

 5–10/10–20 cm   VI–VII   II

Festuca valesiaca

Walliser Schwingel
Poaceae, Rispengrasgewächse

Heimat: Östliches Europa, Westasien.
Wuchsform: Horstförmiges Polster.
Blatt: Immergrün, blaugrün, borstenförmig eingerollt, bis 1 mm dick, rau, haardünn, im Querschnitt V-förmig.
Blüte: Blütenrispe 3–13 cm lang, Ährchen bis 10 mm lang.
Frucht: Karyopse, Grannen bis 3 mm lang.
Standort: Trockene und warme Hänge.
Lebensbereiche: SH, 1, so: Steppenheide; trocken; sonnig. Auch Freifläche.
Verwendung: Steinige Rasenflächen, extensive Dachbegrünung.
Vermehrung: Teilung, Aussaat.
Sorten: 'Silbersee', silberblau, Halme weiß; 'Zwergenkönig', stahlblau.
Besonderes: Schutz vor Winternässe sinnvoll.

Festuca vivipara

Kindel-Schwingel, Brutknospen-Schwingel
Poaceae, Rispengrasgewächse

Heimat: Nordosteuropa, Nordamerika, Grönland.
Wuchsform: Dichthorstig.
Blatt: Wintergrün, grün bis bläulich, 1 mm dick.
Blüte: Rispen mit Samenansatz und Brutknospen.
Frucht: Kindel, bewurzeln sich am Boden.
Standort: Nährstoffarme, saure Humusböden in sonniger Lage.
Lebensbereiche: M, 2, so: Matten; frisch; sonnig.
Verwendung: Extensive Dachbegrünung, Moorgärten.
Vermehrung: Aussaat, aber vorwiegend durch Kindel.
Sorte: 'Norge', Wildfund mit besonders kompaktem Wuchs.
Besonderes: Für alpine Troggärten geeignet.

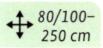 80/100–250 cm   VII–VIII   II

 20–30/30–60 cm   VII–X   II

Glyceria maxima

Wasserschwaden, Süßgras
Poaceae, Rispengrasgewächse

Heimat: Asien, Europa.
Wuchsform: Aufrechte, lockere Staude mit Rhizomen.
Blatt: Linealisch, bis 50 cm lang und 1,5 cm breit, steif.
Blüte: Breite Rispe über dem Laub, gelbbraun, bis 40 cm lang.
Frucht: Nussfrucht (Karyopse) mit Spelzen.
Standort: Am Wasserrand von Seen in sonniger Lage.
Lebensbereiche: WR, 4–5, so: Wasserrand; sumpfig bis flaches Wasser, sonnig.
Verwendung: Für große Wasserflächen in der Landschaft.
Vermehrung: Teilung, auch Aussaat.
Sorte: 'Pallida', im Herbst fahlgelb.
Besonderes: Für Abwasserreinigung geeignet.
Hinweise: Blätter schwimmen auf dem Wasser.

Hakonechloa macra

Japan-Berggras
Poaceae, Rispengrasgewächse

Heimat: Japan.
Wuchsform: Dichte Horste durch kurze Ausläufer, dünne Halme.
Blatt: Sommergrün, grünlich, bis 8 mm breit, überhängend. Herbstfärbung cremegelb.
Blüte: Ährchen an lockeren Rispen, 5–15 cm lang.
Frucht: Karyopse.
Standort: Humose, leicht saure, aber nährstoffreiche Böden.
Lebensbereiche: G, 2–3, hs: Gehölz; frisch bis feucht; halbschattig. Auch Gehölzrand und Steinanlagen.
Verwendung: Im schattigen Steingarten.
Vermehrung: Teilung im April.
Sorten: 'Allgold', gleichmäßig grüngelb; 'Albolineata', weiß gebändert.
Besonderes: Winterschutz sinnvoll.

 20/25–40 cm   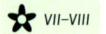 VII–VIII   I   40/100 cm   VI–VIII   I

Hakonechloa macra 'Aureola'

Gold-Japan-Berggras
Poaceae, Rispengrasgewächse

Heimat: Züchtung.
Wuchsform: Dichte Horste durch kurze Ausläufer, dünne Halme.
Blatt: Sommergrün, goldbunt gestreift, bis 8 mm breit, überhängend.
Blüte: Ährchen an lockeren Rispen.
Frucht: Karyopse.
Standort: Humose, leicht saure Böden.
Lebensbereiche: G, 2–3, hs: Gehölz; frisch bis feucht; halbschattig.
Verwendung: Im schattigen Steingarten zu immergrünen Gewächsen.
Vermehrung: Teilung während des Austriebs.
Sorte: 'Beni Fuchi', im Sommer schokoladenbraun, im Herbst rot, selten.
Besonderes: Winterschutz ratsam.

Helictotrichon sempervirens

(Syn. Avena sempervirens)
Blaustrahlhafer
Poaceae, Rispengrasgewächse

Heimat: Südwest-Alpen.
Wuchsform: Dichte Horste bildend, aufrecht, bogig überhängend.
Blatt: Wintergrün, graublau, schmal.
Blüte: Rispe überhängend, blaugrün.
Frucht: Karyopse.
Standort: Durchlässige, magere, kalkhaltige Plätze in voller Sonne.
Lebensbereiche: Fr, 1, so: Freifläche; trocken; sonnig. Auch Steppenheide und Felssteppe.
Verwendung: Einzeln oder in kleinen Gruppen, auch zum Schnitt, Dachbegrünung.
Vermehrung: Teilung im Vorfrühling, Aussaat.
Sorte: 'Pendula', stärker hängend.
Besonderes: In nassen Sommern Rostgefahr.

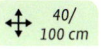 40/ 100 cm VI–VIII I 🜨

 20–30/ 30–60 cm V–VI II 🜨

Helictotrichon semper-virens 'Saphirsprudel'

Blaustrahlhafer
Poaceae, Rispengrasgewächse

Heimat: Südwest-Alpen.
Wuchsform: Dichte Horste bildend, aufrecht, überhängend.
Blatt: Wintergrün, graublau, schmal.
Blüte: Rispe überhängend, blaugrün.
Frucht: Karyopse.
Standort: Durchlässige, magere, kalkhaltige Plätze in voller Sonne.
Lebensbereiche: Fr, 1, so: Freifläche; trocken; sonnig. Auch Steppenheide und Felssteppe.
Verwendung: Einzeln oder in kleinen Gruppen, auch zum Schnitt, Dachbegrünung.
Vermehrung: Teilung im Vorfrühling, Aussaat.
Besonderes: Rostresistente Auslese.

Hierochloe odorata

Wohlriechendes Mariengras
Poaceae, Rispengrasgewächse

Heimat: Europa, Nordasien, Nordamerika.
Wuchsform: Ausläufer treibend, bildet einen Rasen, überhängend.
Blatt: Sommergrün, dunkelgrün, bis 10 mm breit, nickend.
Blüte: Lockere Rispe, bis 5 cm lang, Ästchen gewellt, ohne Grannen.
Frucht: Karyopse.
Standort: Feuchte Standorte wie Moore, Ufer von Gewässern.
Lebensbereiche: WR, 4, so: Wasserrand; feucht bis nass; sonnig.
Verwendung: Feuchte Matten und Wiesen.
Vermehrung: Teilung, Abtrennen der Ausläufer, Aussaat.
Besonderes: Beim Trocknen duften die Pflanzen nach Cumarin. Daher spezielle Verwendung zum Räuchern, Würzen und Parfümieren.

 20/ 40 cm  VI–VII   I

 30/50– 60 cm   VI–VIII   II

Holcus mollis 'Albovariegatus'

Buntes Honiggras
Poaceae, Rispengrasgewächse

Heimat: Züchtung, die Art aus Europa.
Wuchsform: Ausläufer treibend, Stängel an den Knoten behaart.
Blatt: Sommergrün, weiß-grün gestreift, Blattscheiden nicht aufgeblasen.
Blüte: Dichte Rispe, silbrig.
Frucht: Karyopse.
Standort: Lichte Wälder in sonniger Lage.
Lebensbereiche: Fr, 2–3, so: Freifläche; frisch bis feucht; sonnig.
Verwendung: Einzeln in Wildstaudenpflanzungen und Mähwiesen.
Vermehrung: Teilung.
Ähnliche Art: *Holcus lanatus* (Foto), Wolliges Honiggras, weichhaarig, Fettwiesen, Flachmoore.

Hordeum jubatum

Mähnengerste
Poaceae, Rispengrasgewächse

Heimat: Nord- und Südamerika.
Wuchsform: Aufrecht, lockerhorstig.
Blatt: Zweizeilig, schmallanzettlich, 5 mm breit, weich, grün.
Blüte: Endständige Ähre, überhängend, 5–12 cm lang, auffällig lange Grannen, erst grün, später gelb mit rötlichem Schimmer.
Frucht: Karyopse.
Standort: Durchlässige Böden in voller Sonne.
Lebensbereiche: Fr, 1–2, so: Freifläche; trocken bis frisch; sonnig.
Verwendung: Beete, bei frühzeitigem Schnitt haltbare Trockenblume.
Vermehrung: Aussaat im März unter Glas, ab Mitte April ins Freiland.
Besonderes: Remontiert bei frühem Rückschnitt, kurzlebig.
Hinweise: Ähre zerfällt bei der Reife.

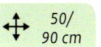 50/ 90 cm 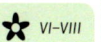 VI–VIII I   30–40 cm VIII–IX I

Hystrix patula

Flaschenbürstengras
Poaceae, Rispengrasgewächse

Heimat: Östliches Nordamerika.
Wuchsform: Horstig, aufrecht, locker.
Blatt: Sommergrün, gelblich grün, bis 10 mm breit.
Blüte: Lockere Ähre mit gespreizten Grannen.
Frucht: Karyopse mit Grannen.
Standort: Lichte Wälder in humosen, durchlässigen Böden.
Lebensbereiche: Fr, 1–2, so: Freifläche; trocken bis frisch; sonnig.
Verwendung: Trockenblume, vor der Vollreife ernten.
Vermehrung: Aussaat.
Besonderes: Versamt sich selbst, Grannen zerfallen rasch nach der Vollreife. Kurzlebig.

Imperata cylindrica 'Red Baron'

Japanisches Blutgras
Poaceae, Rispengrasgewächse

Heimat: Züchtung, die Art aus Japan, China, Korea.
Wuchsform: Horstiger Wuchs, kurze Ausläufer, aufrecht.
Blatt: Wintergrün, mattbraun, ab dem Sommer leuchtend rot, 10 mm breit.
Blüte: Erscheint in Mitteleuropa sehr selten.
Standort: Staudenbeete in voller Sonne.
Lebensbereiche: Fr, 2, so, -b: Freifläche; frisch; sonnig beetstaudenähnlich.
Verwendung: Dekorative Pflanzungen in durchlässigen Böden, Hangbegrünung.
Vermehrung: Teilung im Frühling.
Besonderes: Benötigt Schutz vor Winternässe und tiefen Temperaturen. Die Art ist in den Tropen als Unkraut weit verbreitet. Heilpflanze.

 40–70 cm   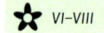 VI–VIII   II   ♃

30–40 cm   ✶ –   I   ♃

Juncus effusus

Flatter-Binse
Juncaceae, Simsengewächse

Heimat: In Europa heimisch, aber weltweit verbreitet.
Wuchsform: Ausläufer treibende Wildpflanze.
Stängel: Rund, unbeblättert, grasgrün, glänzend.
Blüte: Vielblütig in Knäueln, gelbbraun, seitlich am Stängel.
Frucht: Braune, vielsamige Kapsel.
Standort: Ufer von Seen, Sümpfen, in sauren Böden. Wassertiefe bis 10 cm.
Lebensbereiche: WR, 4, so–hs und Fr, 3, so–hs: Wasserand; sumpfig; sonnig bis halbschattig; auch feuchte Freiflächen.
Verwendung: In Gruppen für landschaftliche Pflanzungen.
Vermehrung: Teilung der Rhizome.
Sorten: 'Spiralis', Korkenzieher-Binse, bis 40 cm hoch, spiralig gedrehte Halme.
Hinweise: Wuchert!

Juncus effusus 'Spiralis'

Spiralen-Flatter-Binse
Juncaceae, Simsengewächse

Heimat: Züchtung.
Wuchsform: Ausläufer treibend.
Stängel: Rund, unbeblättert, grasgrün, spiralig aufgerollt, glänzend.
Blüte: –
Standort: Saure, humose Böden in sonniger Lage.
Lebensbereiche: WR, 4, so–hs und Fr, 3, so–hs: Wasserand; sumpfig; sonnig bis halbschattig; auch feuchte Freiflächen.
Verwendung: Minisumpf im Garten. In der Floristik geschätzt.
Vermehrung: Teilung.
Hinweise: Eigenartige Pflanze durch ihre korkenzieherartig gedrehten Triebe.

 15–20/ 30 cm 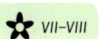 VII–VIII I   40–60 cm VI–VIII I

Juncus ensifolius

Schwertblättrige Binse, Zwerg-Binse
Juncaceae, Simsengewächse

Heimat: Nordamerika.
Wuchsform: Lockerhorstig, kurze, drahtartige Rhizome.
Blatt: Flach, 5 mm breit, bis 30 cm lang, sommergrün.
Blüte: Dunkelbraune Köpfchen am Triebende.
Frucht: Kapsel mit vielen Samen.
Standort: Wasserrand, saure Böden in voller Sonne.
Lebensbereiche: WR, 4, so: Wasserrand; sumpfig; sonnig.
Verwendung: In kleinen Gruppen auch für Miniwasserbecken.
Vermehrung: Teilung und Aussaat.
Besonderes: Selbstaussaat möglich.
Hinweise: Besonders gartenwürdig.

Juncus inflexus

Blaugrüne Binse
Juncaceae, Simsengewächse

Heimat: Europa, Nordafrika, Zentralasien.
Wuchsform: Horstig, aufrecht; Stängel gerieft, innen gekammert.
Blatt: Sommergrün, blaugrün, schmal.
Blüte: Braune Knäuel am Triebende.
Frucht: Braun.
Standort: Flachmoore, verdichtete, feuchte Böden.
Lebensbereiche: Fr, 3, so: Freifläche; feucht; sonnig; auch am Wasserrand.
Verwendung: Kalkarme, feuchte Böden.
Vermehrung: Teilung.
Sorten: ‘Afro’, kompakt, gedrehte Triebe und Blätter.
Besonderes: Für Teichränder.

 15/30– 40 cm 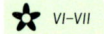 VI–VII   II   20/ 30 cm   V–VI   II

Koeleria glauca

Blaugrünes Schillergras
Poaceae, Rispengrasgewächse

Heimat: Mitteleuropa bis Westsibirien.
Wuchsform: Horstförmiger Polsterbildner, aufrecht.
Blatt: Wintergrün, blaugrün, rau, schmal, am Stängelgrund zwiebelartig verdickt.
Blüte: Dichte Blütenrispe, hellgrau.
Frucht: Karyopse.
Standort: Magere Böden in voller Sonne.
Lebensbereiche: SH, 1, so: Steppenheide; trocken; sonnig.
Verwendung: Staudenpflanzungen in leichten, durchlässigen Böden.
Vermehrung: Teilung, Aussaat.
Besonderes: Wärmeliebend, fallen in fetten Böden auseinander.
Ähnliche Art: *Koeleria vallesiana*, Walliser Kammschmiele, blaugrün.

Koeleria macrantha

Zierliches Schillergras
Poaceae, Rispengrasgewächse

Heimat: Eurasien.
Wuchsform: Horstförmiger Polsterbildner, aufrecht.
Blatt: Wintergrün, graugrün, schmal, am Stängelgrund nicht zwiebelartig verdickt, eingerollt.
Blüte: Dichte Blütenrispe, hellgrau, 4–8 cm lang.
Frucht: Karyopse.
Standort: Magere Böden in voller Sonne.
Lebensbereiche: SH, 1, so: Steppenheide; trocken; sonnig. Auch Felssteppe.
Verwendung: Wildstaudenpflanzungen in leichten, durchlässigen Böden. Extensive Dachbegrünung.
Vermehrung: Teilung, Aussaat.
Besonderes: Wärmeliebend, dürreresistent.

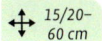 15/20–60 cm   VI–VIII   II

 20/30 cm   VII–VIII   II

Lagurus ovatus

Hasenschwanzgras, Sammetgras
Poaceae, Rispengrasgewächse

Heimat: Westeuropa, Mittelmeergebiet, Kleinasien.
Wuchsform: Aufrecht, buschig, einjährig.
Blatt: Zweizeilig, schmallinealisch, weich behaart, graugrün.
Blüte: Endständige Ähren eiförmig, von weißen, langen Haaren umgeben.
Frucht: Karyopse.
Standort: Durchlässige Böden in voller Sonne.
Lebensbereiche: Fr, 1, so, -b: Freifläche; trocken; sonnig; beetstaudenähnlich.
Verwendung: Sommerblumenbeete, Rabatten, Schnitt- und Trockenpflanze.
Vermehrung: Aussaat im März unter Glas, ab April direkt ins Freiland.
Besonderes: Wärmeliebende, kurzlebige, hübsche Trockenblume.

Lamarckia aurea

Goldbronzegras, Goldschwanzgras
Poaceae, Rispengrasgewächse

Heimat: Südeuropa, Westasien, Nordafrika.
Wuchsform: Aufrecht, buschig, einjährig.
Blatt: Blassgrün, weich, 2–6 mm breit.
Blüte: Ährenrispe einseitswendig, 3–9 cm lang, grünlich bis goldgelb.
Frucht: Karyopse mit begrannten Spelzen.
Standort: Magere Böden in sonniger Lage.
Lebensbereiche: Fr, 1, so: Freifläche; trocken; sonnig.
Verwendung: Wildstauden- und Sommerblumenbeete, Einfassungen, Trockensträuße.
Vermehrung: Aussaat im Frühling.
Besonderes: Wärmeliebendes, kurzlebiges Gras für steinige Plätze.

 50–70/ 130 cm   VI–VIII   II 4️

Leymus arenarius

Strandroggen , Strandhafer
Poaceae, Rispengrasgewächse

Heimat: Mittel- und Nordeuropa.
Wuchsform: Ausläufer bildend, Triebe aufrecht bis überneigend.
Blatt: Wintergrün, matt blaugrün, später stroh-farben, bis 15 mm breit.
Blüte: Ährchen ohne Grannen, immer zu zweit je Knoten.
Frucht: Karyopse.
Standort: Sandige Böden in Meernähe, humus- und nährstoffarme Böden.
Lebensbereiche: Fr, 1, so: Freifläche; trocken; sonnig.
Verwendung: Begrünung von Sanddünen, Fruchtschmuck.
Vermehrung: Abtrennen der Ausläufer.
Sorten: 'Glaucus', Blaues Dünengras.
Besonderes: Wuchert sehr stark, daher nicht für Gärten geeignet.

10/ 20 cm VI–VIII II 4️

Luzula lutea

Gelbe Hainsimse
Juncaceae, Simsengewächse

Heimat: Mittel- und Südeuropa.
Wuchsform: Horstig, aufrecht.
Blatt: Sommergrün, grünlich, 3–5 mm breit.
Blüte: Lockerer Blütenstand in lang gestielten Knäueln, gelb.
Frucht: Dunkelbraun.
Standort: Saure Wiesenhänge in den Silikat-bergen.
Lebensbereiche: MK, 2, so: Mauerkrone; frisch; sonnig.
Verwendung: In alpinen Steinanlagen (kalkfrei) in sonniger Lage.
Vermehrung: Teilung, Aussaat.
Besonderes: Langsamer Wuchs, nur für kalk-freie Böden.

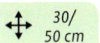 30/50 cm VI II

 20/40 cm VI–VII III

Luzula luzuloides

Weißliche Hainsimse
Juncaceae, Simsengewächse

Heimat: Mittel- und Südeuropa.
Wuchsform: Lockerhorstig, nickende Blüten-köpfe.
Blatt: Sommergrün, dunkelgrün, 3–4 mm breit.
Blüte: Lockere, mehrblütige Köpfe, nickend, weißliche Perigonblätter.
Frucht: Dunkelbraun.
Standort: Wälder und Wiesen der Bergregionen, vorwiegend im Schatten.
Lebensbereiche: G, 2, hs–sch: Gehölz; frisch; halbschattig bis schattig. Auch Gehölzrand.
Verwendung: Für kalkarme, humose Böden unter Gehölzen, auch in Mengen.
Vermehrung: Teilung, Aussaat.
Sorten: 'Farnfreund', kompakter, 15–20 cm; 'Silberglanz', silbrig, 15–20 cm.
Besonderes: Dankbares Schattengras.
Ähnliche Art: Mehrere Unterarten bekannt.

Luzula nivea

Weiße Hainsimse, Schnee-Marbel
Juncaceae, Simsengewächse

Heimat: Alpen, Apennin, Pyrenäen.
Wuchsform: Lockerhorstig, Blütenköpfe dicht zusammengezogen.
Blatt: Immergrün, dunkelgrün, 3–5 mm breit, am Rande bewimpert.
Blüte: Lockere, mehrblütige Köpfe, aufrechte, weiße Perigonblätter.
Frucht: Dunkelbraun.
Standort: Wälder und Wiesen der Bergregionen, vorwiegend im Schatten.
Lebensbereiche: GR, 2, hs–sch: Gehölzrand; frisch; halbschattig bis schattig.
Verwendung: Für humose Böden unter Gehöl-zen, auch in Mengen.
Vermehrung: Teilung, Aussaat.
Sorten: 'Schneehäschen', 'Silberling', niedrig.
Besonderes: Versamt sich an zusagenden Stellen, Schnittblume und Trockenblume.

 15/25 cm   III–V   II ♃

 30/80 cm   V–VI   II–IV

Luzula pilosa

Frühlings-Hainsimse
Juncaceae, Simsengewächse

Heimat: Europa.
Wuchsform: Lockerhorstig, kurze Ausläufer.
Blatt: Sommergrün, grün, 5–10 mm breit, am Rand stark behaart.
Blüte: Lockere, mehrblütige Köpfe, aufrecht, braune Perigonblätter 4 mm lang, Einzelblüte gestielt.
Frucht: Reife Frucht über der Mitte eingeschnürt.
Standort: Wälder und Wiesen der Bergregionen.
Lebensbereiche: G, 1–2, hs–sch: Gehölz; trocken bis frisch; halbschattig bis schattig. Auch Gehölzrand.
Verwendung: Für humose, durchlässige Böden unter Gehölzen, für Frühlingsgärten.
Vermehrung: Teilung, Aussaat.
Sorten: 'Grünfink', 'Igel', beide niedrig und teppichartig.
Besonderes: Treibt sehr früh aus.

Luzula sylvatica

Wald-Hainsimse, Wald-Marbel
Juncaceae, Simsengewächse

Heimat: Europa, Kaukasus.
Wuchsform: Lockerhorstig, aufrecht.
Blatt: Wintergrün, dunkelgrün, 6–10 mm breit, lang behaart.
Blüte: Blütenstand locker, aufrecht, weit ausladend, mehrfach verzweigt, braune Perigonblätter.
Frucht: Dunkelbraun.
Standort: Wälder, vorwiegend im Schatten.
Lebensbereiche: G, 2, hs–sch: Gehölz; frisch; halbschattig bis schattig. Auch Gehölzrand.
Verwendung: Für kalkarme, humose Böden unter Gehölzen, auch in Mengen.
Vermehrung: Teilung, Aussaat.
Besonderes: Dankbares Schattengras, auch für größere Flächen geeignet.

 20/40 cm   V–VI   II

 20/60–80 cm   V–VI   II

Luzula sylvatica 'Tauernpass'

Wald-Hainsimse, Wald-Marbel
Juncaceae, Simsengewächse

Heimat: Europa, Findling aus den Hohen Tauern.
Wuchsform: Dichthorstig, aufrecht.
Blatt: Wintergrün, dunkelgrün, 10–15 mm breit, lang behaart.
Blüte: Blütenstand locker, aufrecht, weit ausladend, verzweigt, braun. Blüht selten.
Frucht: Dunkelbraun.
Standort: Wälder, vorwiegend im Schatten.
Lebensbereiche: G, 2, hs–sch: Gehölz; frisch; halbschattig bis schattig. Auch Gehölzrand.
Verwendung: Für humose Böden unter Gehölzen, auch in Mengen.
Vermehrung: Teilung.
Besonderes: Für größere Flächen geeignet, bildet dichte Bestände.

Melica altissima

Sibirisches Perlgras
Poaceae, Rispengrasgewächse

Heimat: Osteuropa, Iran, Russland.
Wuchsform: Aufrecht, locker, Ausläuferbildend.
Blatt: Sommergrün, graugrün, bis 12 mm breit.
Blüte: Rispe bis 20 cm lang, hellgrau, glänzende Hüllspelzen.
Frucht: Karyopse.
Standort: Durchlässige, trockene Böden in voller Sonne.
Lebensbereiche: GR, 1, so: Gehölzrand; trocken; sonnig. Auch Freifläche.
Verwendung: Einzeln oder in kleinen Gruppen in Staudenbeeten, Vasenschnitt.
Vermehrung: Aussaat, Teilung.
Sorte: 'Atropurpurea' (Foto), rötliche Blütenrispen.
Besonderes: Nicht optimal standfest.

 20/30–60 cm V–VII II 4

 30/60 cm V–VI II   4

Melica ciliata

Wimper-Perlgras
Poaceae, Rispengrasgewächse

Heimat: Europa, Kaukasus.
Wuchsform: Buschig, aufrecht, lockerhorstig.
Blatt: Schmal, matt graugrün.
Blüte: Ährenrispe zylindrisch, bei der Reife gelbweiß.
Frucht: Karyopse, stark bewimpert.
Standort: Sonnige Kalkfelsen und Berghänge, durchlässige Magerböden.
Lebensbereiche: FS, 1, so: Felssteppe; trocken; sonnig. Auch Steppenheide und Steinanlagen.
Verwendung: Extensive Dachbegrünung, Geröllhänge und andere Steppenpflanzungen.
Vermehrung: Aussaat problemlos, sät sich oft selbst aus.
Besonderes: Trockenblume, Vasenschnitt.

Melica nutans

Nickendes Perlgras
Poaceae, Rispengrasgewächse

Heimat: Eurasien.
Wuchsform: Lockerhorstig, überhängend. Ausläufer treibend.
Blatt: Sommergrün, grün, schmal.
Blüte: Nickende Ähren, eiförmig, purpurbraun, Rispe einseitswendig.
Frucht: Karyopse.
Standort: Humusreiche Mullböden im Halbschatten, unter Laubgehölzen.
Lebensbereiche: G, 1–2, hs: Gehölz; trocken; halbschattig. Auch Gehölzrand.
Verwendung: Zu Waldstauden und robusten Bodendeckern.
Vermehrung: Teilung, Aussaat.
Besonderes: Starke Wurzelfilzbildung, anspruchslos.
Ähnliche Art: *Melica uniflora*, Einköpfiges Perlgras.

 20/40–70 cm V–VI II ♃

 30–50/120 cm ✵ V–VII ⚫ II ♃

Melica transsylvanica

Siebenbürger Perlgras
Poaceae, Rispengrasgewächse

Heimat: Eurasien.
Wuchsform: Buschig, aufrecht, lockerhorstig.
Blatt: Schmal, mattgrün, mit deutlicher Mittelrippe
Blüte: Ährenrispe zylindrisch, bei der Reife gelbweiss.
Frucht: Karyopse, stark bewimpert.
Standort: Sonnige Felsen und Berghänge, durchlässige Magerböden.
Lebensbereiche: FS, 1, so: Felssteppe; trocken; sonnig. Auch Steppenheide.
Verwendung: Extensive Dachbegrünung, Steppenpflanzungen.
Vermehrung: Teilung, Aussaat.
Besonderes: Trockenblume, Vasenschnitt. Ernte vor der Vollreife.

Milium effusum

Flattergras, Waldhirse
Poaceae, Rispengrasgewächse

Heimat: Europa, Asien, Amerika.
Wuchsform: Horstig, dichtbuschig, aufrecht, Seitentriebe hängend.
Blatt: Sommergrün, blaugrün, bis 15 mm breit, kahl.
Blüte: Lockere Rispe, 10–25 cm lang, Ährchen 3 mm lang, einblütig.
Frucht: Karyopse, ohne Grannen.
Standort: Saure, humose Böden in Wäldern, Hochstaudenfluren.
Lebensbereiche: G, 2–3, so–hs: Gehölz; frisch bis feucht; sonnig bis halbschattig. Auch Gehölzrand.
Verwendung: Frühlingsgarten mit immergrünen Gehölzen.
Vermehrung: Aussaat.
Sorte: 'Aureum', ganze Pflanze leuchtend gelb.
Besonderes: Garezeiger.

 250–300/ 350 cm   IX–X   I

 100/ 150 cm   VIII–IX   I

Miscanthus × giganteus 'Aksel Olsen'

(Syn. Miscanthus sinensis 'Giganteus')
Riesen-Chinaschilf, Riesen-Miscanthus
Poaceae, Rispengrasgewächse

Heimat: Kreuzung, die Arten aus Südostasien.
Wuchsform: Buschig, kurze Ausläufer bildend, straff aufrecht, Blätter überhängend.
Blatt: Sommergrün, grün, 30 mm breit, rinnig, bogig überhängend.
Blüte: Rispe 30 cm lang, über dem Laub, blüht nur in warmen Jahren.
Frucht: Pflanze ist steril.
Standort: Warme, sonnige Plätze.
Lebensbereiche: Fr, 2, so, -b: Freifläche; frisch; sonnig; beetstaudenähnlich. Auch Beet.
Verwendung: Einzeln in Parks, Leitstaude.
Vermehrung: Teilung im Frühling.
Besonderes: Gelbbraune Herbstfärbung. Rückschnitt im Vorfrühling.

Miscanthus sacchari-florus 'Robustus'

Silberfahnengras
Poaceae, Rispengrasgewächse

Heimat: Japan, Korea, Nordostchina.
Wuchsform: Buschig, viele Ausläufer treibend.
Blatt: Sommergrün, grün, überhängend.
Blüte: Lange haltbare Blütenähre, silbrig, regelmäßig erscheinend.
Frucht: Karyopse, reift selten aus.
Standort: Nährstoffreiche Gartenböden in sonniger Lage.
Lebensbereiche: Fr, 2, so: Freifläche; frisch; sonnig. Auch Gehölzrand, Wasserrand.
Verwendung: Vielseitig, zu herbstblühenden Stauden, Wasserbecken, Schnitt.
Vermehrung: Teilung im Frühling.
Sorte: Die Sorte 'Robustus' hat viel bessere Eigenschaften als die Art.
Besonderes: Schöne, gelbliche Herbstfärbung.

 150/ 180 cm IX–X I

 90/ 200 cm IX–X I

Miscanthus sinensis var. condensatus

Chinaschilf
Poaceae, Rispengrasgewächse

Heimat: Japan.
Wuchsform: Horstig, breite Büsche bildend, ausladend bis überhängend.
Blatt: Sommergrün, grün.
Blüte: Dichte Rispe, kupferfarben, gewellte Ähren, blüht sicher.
Frucht: Karyopse.
Standort: Nährstoffreiche Gartenböden in voller Sonne.
Lebensbereiche: Fr, 2, so, -b: Freifläche; frisch; sonnig; beetstaudenähnlich. Auch Beet.
Verwendung: Einzeln in größeren Stauden-beeten und am Rand von Rasenflächen.
Vermehrung: Teilung im Frühling.
Besonderes: Fruchtschmuck, auch als Trocken-blume für Bodenvasen.

Miscanthus sinensis 'Flamingo'

Chinaschilf
Poaceae, Rispengrasgewächse

Heimat: Züchtung.
Wuchsform: Lockerhorstig, aufrecht, Spitzen überhängend.
Blatt: Sommergrün, schmal, bandartig.
Blüte: Silbrige Blütenrispen, rosa getönt, kaum verzweigt.
Frucht: Wird nicht reif.
Standort: Durchlässige, nährstoffreiche Böden in voller Sonne.
Lebensbereiche: Fr, 2, so, -b: Freifläche; frisch; sonnig; beetstaudenähnlich. Auch Beet.
Verwendung: Einzeln oder in kleinen Gruppen vor Gebäuden, Staudenbeeten.
Vermehrung: Teilung im Vorfrühling.
Besonderes: Nicht wuchernd, aber hochwach-send. Schön im Herbst und Winter.

 130/150 cm   IX–X   I

 180/250 cm   VIII–X   I

Miscanthus sinensis 'Gracillimus'

Feinhalm-Chinaschilf
Poaceae, Rispengrasgewächse

Heimat: Züchtung.
Wuchsform: Lockerhorstig, aufrecht, Spitzen überhängend.
Blatt: Sommergrün, grün, schmal, bandartig, ca. 60 cm lang, rollt sich ein bei Trockenheit.
Blüte: Silbrige Blütenrispen, erscheinen selten.
Frucht: Wird nicht reif.
Standort: Durchlässige, nährstoffreiche Böden in voller Sonne.
Lebensbereiche: Fr, 2, so, -b: Freifläche; frisch; sonnig; beetstaudenähnlich. Auch Beet.
Verwendung: Einzeln oder in kleinen Gruppen vor Gebäuden, Staudenbeeten. Schnittpflanze.
Vermehrung: Teilung im Vorfrühling.
Besonderes: Kommt nur in warmen Sommern zur Blüte. Nicht wuchernd. ISU-Sorte.

Miscanthus sinensis 'Große Fontäne'

Feinhalm-Chinaschilf
Poaceae, Rispengrasgewächse

Heimat: Züchtung.
Wuchsform: Lockerhorstig, aufrecht, ausladend, Spitzen überhängend.
Blatt: Sommergrün, grün, schmal, bandartig, ca. 60 cm lang.
Blüte: Rötlich silbrige Blütenrispen.
Frucht: Wird nicht reif.
Standort: Durchlässige, nährstoffreiche Böden in voller Sonne.
Lebensbereiche: Fr, 2, so, -b: Freifläche; frisch; sonnig; beetstaudenähnlich. Auch Beet.
Verwendung: Einzeln oder in kleinen Gruppen vor Gebäuden, in Staudenbeeten.
Vermehrung: Teilung im Vorfrühling.
Besonderes: Standfest, starkwüchsig, aber nicht wuchernd.

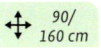 90/ 160 cm VII–IX I   80/ 120 cm VII–IX I

Miscanthus sinensis 'Kleine Fontäne'

Chinaschilf
Poaceae, Rispengrasgewächse

Heimat: Züchtung.
Wuchsform: Lockerhorstig, straff aufrecht, treibt im Sommer nach.
Blatt: Sommergrün, grün, schmal, bandartig, ca. 60 cm lang.
Blüte: Silbrige Blütenrispen.
Frucht: Wird selten reif.
Standort: Durchlässige, nährstoffreiche Böden in voller Sonne.
Lebensbereiche: Fr, 2, so, -b: Freifläche; frisch; sonnig; beetstaudenähnlich. Auch Beet.
Verwendung: Einzeln oder in kleinen Gruppen vor Gebäuden, Staudenbeeten. Zum Schnitt geeignet.
Vermehrung: Teilung im Vorfrühling.
Besonderes: Remontiert, nicht wuchernd.

Miscanthus sinensis 'Kleine Silberspinne'

Chinaschilf
Poaceae, Rispengrasgewächse

Heimat: Züchtung.
Wuchsform: Lockerhorstig, aufrecht, Spitzen überhängend.
Blatt: Sommergrün, grün, schmal, bandartig, ca. 60 cm lang, zierlich.
Blüte: Hellrosa-silbrige Blütenrispen, erscheinen sehr früh.
Frucht: Wird nicht reif.
Standort: Durchlässige, nährstoffreiche Böden in voller Sonne.
Lebensbereiche: Fr, 2, so, -b: Freifläche; frisch; sonnig; beetstaudenähnlich. Auch Beet.
Verwendung: Einzeln oder in kleinen Gruppen in Staudenbeeten. Schnittpflanze.
Vermehrung: Teilung im Vorfrühling.
Besonderes: Nicht wuchernd, blüht reich.

✛ 150/200 cm ✿ VIII–X ⬢ I ♃

✛ 120/150 cm ✿ (X) ⬢ I ♃

Miscanthus sinensis 'Malepartus'

Chinaschilf
Poaceae, Rispengrasgewächse

Heimat: Züchtung.
Wuchsform: Lockerhorstig, aufrecht, ausladend.
Blatt: Sommergrün, grün, breitblättrig, ca. 60 cm lang.
Blüte: Rötlich silbrige, große Blütenrispen.
Frucht: Karyopse, wird nicht reif.
Standort: Durchlässige, nährstoffreiche Böden in voller Sonne.
Lebensbereiche: Fr, 2, so, -b: Freifläche; frisch; sonnig; beetstaudenähnlich. Auch Beet.
Verwendung: Einzeln oder in kleinen Gruppen vor Gebäuden, in Staudenbeeten.
Vermehrung: Teilung im Vorfrühling.
Besonderes: Standfest, starkwüchsig, aber nicht wuchernd. Herbstfärbung goldgelb.

Miscanthus sinensis 'Morning Light'

Chinaschilf
Poaceae, Rispengrasgewächse

Heimat: Züchtung.
Wuchsform: Horstig, aufrecht, leicht überhängend.
Blatt: Sommergrün, silbrig, sehr schmal, weißer Mittelstreifen.
Blüte: Kommt bei uns sehr selten zur Blüte.
Standort: Durchlässige Gartenböden in voller Sonne.
Lebensbereiche: Fr, 2, so, -b: Freifläche; frisch; sonnig; beetstaudenähnlich.
Verwendung: Einzeln in Staudenbeeten.
Vermehrung: Teilung im Vorfrühling.
Besonderes: Blüht nur nach warmen Sommern im Herbst.

 130/200 cm   VIII–X   I

 130/180 cm   VIII–X   I

Miscanthus sinensis 'Silberfeder'

Chinaschilf
Poaceae, Rispengrasgewächse

Heimat: Züchtung.
Wuchsform: Lockerhorstig, aufrecht, ausladend, überhängend.
Blatt: Sommergrün, grün, schmal, bandartig, ca. 60 cm lang.
Blüte: Silbrige Blütenrispen, erscheinen sicher.
Frucht: Wird nicht reif.
Standort: Durchlässige, nährstoffreiche Böden in voller Sonne.
Lebensbereiche: Fr, 2, so, -b: Freifläche; frisch; sonnig; beetstaudenähnlich. Auch Beet.
Verwendung: Einzeln oder in kleinen Gruppen vor Gebäuden, in Staudenbeeten. Schnittpflanze, ISU-Staude.
Vermehrung: Teilung im Vorfrühling.
Besonderes: Standfest, aber nicht wuchernd.

Miscanthus sinensis 'Silberpfeil'

Chinaschilf
Poaceae, Rispengrasgewächse

Heimat: Züchtung.
Wuchsform: Lockerhorstig, aufrecht, ausladend, Spitzen überhängend.
Blatt: Sommergrün, grün-weiß, längs gestreift, ca. 60 cm lang.
Blüte: Rötlich silbrige Blütenrispen.
Frucht: Wird nicht reif.
Standort: Durchlässige, nährstoffreiche Böden in voller Sonne.
Lebensbereiche: Fr, 2, so, -b: Freifläche; frisch; sonnig; beetstaudenähnlich. Auch Beet.
Verwendung: Einzeln oder in kleinen Gruppen vor Gebäuden, in Staudenbeeten.
Vermehrung: Teilung im Vorfrühling.
Besonderes: Standfest, starkwüchsig, aber nicht wuchernd.

<table>
<tr><td>✛ 130/ 180 cm</td><td>✿ –</td><td>⦿ I</td><td>♃</td></tr>
</table>

Miscanthus sinensis 'Strictus'

Steifes Zebra-Chinaschilf, Stachelschwein-gras
Poaceae, Rispengrasgewächse

Heimat: Züchtung.
Wuchsform: Lockerhorstig, aufrecht, ausladend.
Blatt: Sommergrün, grün-gelb, quer gebändert, ca. 60 cm lang.
Blüte: Erscheint ganz selten.
Standort: Durchlässige, nährstoffreiche Böden in voller Sonne.
Lebensbereiche: Fr, 2, so, -b: Freifläche; frisch; sonnig; beetstaudenähnlich. Auch Beet.
Verwendung: Einzeln in Staudenbeeten.
Vermehrung: Teilung im Vorfrühling.
Besonderes: Standfest, starkwüchsig, aber nicht wuchernd, härter als 'Zebrinus'.

<table>
<tr><td>✛ 60/180– 250 cm</td><td>✿ VIII–IX</td><td>⦿ I</td><td>♃</td></tr>
</table>

Molinia arundinacea

Riesen-Pfeifengras, Rohr-Pfeifengras
Poaceae, Rispengrasgewächse

Heimat: Europa bis zum Kaukasus.
Wuchsform: Horstig, aufrecht bis übergeneigt, Stängel knotenlos.
Blatt: Sommergrün, grün, 8–12 mm breit.
Blüte: Blütenrispe bis 60 cm lang, abstehende, lange Ästchen.
Frucht: Karyopse.
Standort: Wechselfeuchte Tonböden, Wald-schneisen, meist in sonnigen Lagen.
Lebensbereiche: Fr, 2–3, so–hs: Freifläche; feucht bis frisch; sonnig bis halbschattig.
Verwendung: Schön im Einzelstand, unter und vor Gehölzen, auch Koniferen.
Vermehrung: Aussaat, Teilung.
Sorte: 'Bergfreund', reich fruchtend, breit und lange Rispen.
Besonderes: Herrliche Herbstfärbung, Halme knicken bei Schnee um.

 60/180–200 cm 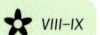 VIII–IX I

 50/180–200 cm VIII–IX I

Molinia arundinacea 'Karl Foerster'

Riesen-Pfeifengras
Poaceae, Rispengrasgewächse

Heimat: Züchtung.
Wuchsform: Horstig, aufrecht bis übergeneigt, Stängel knotenlos.
Blatt: Sommergrün, grün, 8–12 mm breit.
Blüte: Blütenrispe bis 60 cm lang, abstehende, lange Ästchen.
Frucht: Karyopse.
Standort: Wechselfeuchte Tonböden, Waldschneisen, meist in sonnigen Lagen.
Lebensbereiche: Fr, 2–3, so–hs: Freifläche; feucht bis frisch; sonnig bis halbschattig.
Verwendung: Schön im Einzelstand, unter und vor Gehölzen, auch Koniferen.
Vermehrung: Teilung.
Besonderes: Herrliche goldgelbe Herbstfärbung, Vasenschnitt.

Molinia arundinacea 'Transparent'

Riesen-Pfeifengras, Rohr-Pfeifengras
Poaceae, Rispengrasgewächse

Heimat: Züchtung.
Wuchsform: Horstig, aufrecht bis übergeneigt, Stängel knotenlos.
Blatt: Sommergrün, grün, 8–12 mm breit.
Blüte: Blütenrispe bis 60 cm lang, breit und reich verzweigt.
Frucht: Karyopse.
Standort: Wechselfeuchte Tonböden, Waldschneisen, meist in sonnigen Lagen.
Lebensbereiche: Fr, 2–3, so–hs: Freifläche; feucht bis frisch; sonnig bis halbschattig. Auch Gehölzrand.
Verwendung: Schön im Einzelstand, unter und vor Gehölzen, auch Koniferen.
Vermehrung: Aussaat, Teilung.
Besonderes: Herrliche Herbstfärbung, goldgelb.

 40/60–90 cm    VIII–X   I–II   24

 40/60–70 cm   VIII–X   II   24

Molinia caerulea

Moor-Pfeifengras, Blaues Pfeifengras
Poaceae, Rispengrasgewächse

Heimat: Europa bis Sibirien.
Wuchsform: Aufrecht bis übergeneigt, horstiges, mehrjähriges Gras. Stängel mit einem Knoten an der Basis.
Blatt: Schmal, blaugrün, 1 cm breit.
Blüte: In langen Rispen, dunkelbraun-violett.
Frucht: Karyopse.
Standort: Auf besonnten Heideflächen und Moorwiesen.
Lebensbereiche: H, 2–3, so–hs: Heide; frisch bis feucht; sonnig bis halbschattig. Auch für frische bis feuchte Gehölzränder und Freiflächen.
Verwendung: Im sonnigen Heidegarten.
Vermehrung: Teilung.
Sorten: 'Variegata' (Foto), 50 cm, gelblich weißbunte Blätter. 'Moorhexe', 40–60 cm, steif aufrecht.
Besonderes: Goldbraune Herbstfärbung.

Molinia caerulea 'Dauerstrahl'

Kleines Pfeifengras
Poaceae, Rispengrasgewächse

Heimat: Züchtung.
Wuchsform: Horstbildend, leicht überhängend. Stängel mit einem Knoten an der Basis.
Blatt: Schmal, blaugrün, 1 cm breit.
Blüte: In langen Rispen, dunkelbraun, schöne Herbstfärbung.
Frucht: Karyopse.
Standort: Auf besonnten Heiden und Moorwiesen.
Lebensbereiche: H, 2–3, so–hs: Heide; frisch bis feucht; sonnig bis halbschattig. Auch für frische bis feuchte Gehölzränder und Freiflächen.
Verwendung: Im sonnigen Heidegarten in Einzelstellung.
Vermehrung: Teilung.
Besonderes: Im Winter dunkelbraun.

 40/60–90 cm VIII–X II 	♃

Molinia caerulea 'Edith Dudszus'

Moor-Pfeifengras
Poaceae, Rispengrasgewächse

Heimat: Züchtung.
Wuchsform: Horstbildend, leicht überhängend. Stängel mit einem Knoten an der Basis.
Blatt: Schmal, grün, 1 cm breit.
Blüte: In langen Rispen, dunkelbraun, violett getönt.
Frucht: Karyopse.
Standort: Sonnige Heidepartien auf kalkarmen Böden.
Lebensbereiche: H, 2–3, so–hs: Heide; frisch bis feucht; sonnig bis halbschattig. Auch für frische bis feuchte Gehölzränder und Freiflächen.
Verwendung: Im sonnigen Heidegarten in Einzelstellung oder in kleinen Gruppen.
Vermehrung: Teilung.
Besonderes: Sehr standfest, im Winter braun.

 10/20–30 cm VI–VIII II 	 ♃

Nardus stricta

Borstgras
Poaceae, Rispengrasgewächse

Heimat: Europa, Sibirien.
Wuchsform: Horstig, steif aufrecht.
Blatt: Sommergrün, graugrün, borstenförmig eingerollt.
Blüte: Ähre bis 10 cm lang, sehr schlank, einseitswendig.
Frucht: Karyopse, mit Granne.
Standort: Saure Bergwiesen der Alpen, Säurezeiger.
Lebensbereiche: Fr, 2, so: Freifläche; frisch; sonnig.
Verwendung: Heilpflanze, für Magerwiesen auf sauren Böden, Alpinum.
Vermehrung: Teilung, Aussaat.
Besonderes: Wird vom Weidevieh wegen der stechenden Borsten nicht geschätzt.

 30/40 cm VI–VII I–II 4

 10/15–20 cm VII–VIII II

Nassella tenuissima

(Syn. Stipa tenuissima)
Zartes Federgras
Poaceae, Rispengrasgewächse

Heimat: Texas, Mexiko, Anden.
Wuchsform: Schopfig-horstig, aufrecht.
Blatt: Wintergrün, hellgrün, im Herbst strohgelb, sehr fein
Blüte: Haarfeine, silbrige Grannen, bis 5 cm lang.
Frucht: Karyopse spitzig, sehr klein.
Standort: Magere, durchlässige und humusarme Böden in voller Sonne.
Lebensbereiche: FS, 1, so: Felssteppe; trocken; sonnig. Auch für Freiflächen.
Verwendung: Geneigte Stellen in Steingärten, Erosionsschutz.
Vermehrung: Aussaat.
Besonderes: Liebt wärmere Klimagebiete.

Oreochloa disticha

(Syn. Sesleria disticha)
Zweizeiliges Kopfgras
Poaceae, Rispengrasgewächse

Heimat: Mittel- und Südeuropa.
Wuchsform: Kleine Horste bildend, aufrecht.
Blatt: Borstenförmig gefaltet, bis 1 mm breit.
Blüte: Eiförmige, dichte, endständige Ähre, zweizeilig.
Frucht: Karyopse mit kurzer Grannenspitze.
Standort: Felsige Rasen auf Silikatgesteine.
Lebensbereiche: Fr, 1, so: Freifläche; trocken; sonnig. Auch Felsmatten, Steinanlagen.
Verwendung: Für alpine Pflanzungen, Tröge und Steingärten.
Vermehrung: Teilung, Aussaat.
Besonderes: Gebirgspflanze mit kurzen Ausläufern.

 60/ 120 cm VII–VIII I ♃

 80/ 150 cm ✶ VII–IX ⚫ I ♃

Panicum clandestinum

Bambus-Hirse
Poaceae, Rispengrasgewächse

Heimat: Nordamerika.
Wuchsform: Horstig, aufrecht bis bogig überhängend, kurze Ausläufer.
Blatt: Sommergrün, grün, sehr breit.
Blüte: Ausladende Rispe, grünlich.
Frucht: Karyopse.
Standort: Nährstoffreiche Böden in sonniger Lage.
Lebensbereiche: Fr, 2, so: Freifläche; frisch; sonnig. Auch Gehölzrand.
Verwendung: Einzelstellung in Beeten für Annuelle und Stauden.
Vermehrung: Aussaat, Teilung.
Besonderes: Nicht ganz standfest, verträgt auch Rasenschnitt; Fruchtschmuck.

Panicum virgatum

Ruten-Hirse
Poaceae, Rispengrasgewächse

Heimat: Mittleres und östliches Nordamerika.
Wuchsform: Aufrecht, bogig überhängend, horstig.
Blatt: Schmal, bandförmig, grün, im Herbst gelb.
Blüte: Lockere Rispe steif, aufrecht.
Frucht: Karyopsen am Ende der Blütenrispen.
Standort: Trockenwiesen in voller Sonne, durchlässige Böden.
Lebensbereiche: Fr, 1–2, so: Freifläche; trocken bis frisch; sonnig.
Verwendung: Auflockerung von Wildstaudenpflanzungen, Schnittpflanze.
Vermehrung: Teilung im Vorfrühling.
Sorten: 'Rotstrahlbusch', 80 cm; 'Hänse Herms', 80 cm; alle sind standfester als die Art, rotes Herbstlaub.
Besonderes: Herrlich im Raureif.
Hinweise: Fruchtschmuck gut als Trockenblume.

<table>
<tr><td>⬌ 60/100 cm</td><td>✿ VII–IX</td><td>⬤ I (–II)</td><td>♃</td></tr>
</table>

Panicum virgatum 'Rehbraun'

Ruten-Hirse
Poaceae, Rispengrasgewächse

Heimat: Züchtung.
Wuchsform: Horstig, bogig überhängend.
Blatt: Sommergrün, schmal, rotbraun.
Blüte: Helle braunrote Ähren.
Frucht: Karyopse.
Standort: Trockene, warme, durchlässige Böden.
Lebensbereiche: Fr, 2, so: Freifläche; frisch; sonnig; auch trocken.
Verwendung: Einzeln in niedrigen Wildstaudenpflanzungen, Schnittpflanze.
Vermehrung: Teilung im Frühling.
Besonderes: Schöner Fruchtschmuck im Herbst.

<table>
<tr><td>⬌ 80/90–100 cm</td><td>✿ VIII–IX</td><td>⬤ I</td><td>♃</td></tr>
</table>

Pennisetum alopecuroides

Australisches Lampenputzergras
Poaceae, Rispengrasgewächse

Heimat: Australien, Ostasien.
Wuchsform: Dichtbuschig, horstig.
Blatt: Schmal, bandförmig, im Herbst gelb.
Blüte: Braune, borstige Ähren, 25 cm groß.
Frucht: Grasfrucht (Karyopse) borstig, Samen werden bei uns selten reif.
Standort: Trockene und warme Plätze, durchlässige Böden.
Lebensbereiche: Fr, 1–2, so, -b: Freifläche; trocken bis frisch; sonnig, beetstaudenähnlich.
Verwendung: Einzeln oder in kleinen Gruppen in Beeten, Rabatten, an der Terrasse, Stein- und Heidegärten. Trockenbinderei.
Vermehrung: Teilung im Vorfrühling.
Sorten: 'Hameln' nur 60 cm hoch.
Besonderes: Winternässe vermeiden.

 20–15 cm 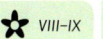 VIII–IX   I–II ♃    40/70–80 cm   VII–IX   I–II   ⊙

Pennisetum alopecuroides 'Little Bunny'

Zwerg-Lampenputzergras
Poaceae, Rispengrasgewächse

Heimat: Züchtung.
Wuchsform: Aufrecht, horstig.
Blatt: Steif und schmal.
Blüte: Bräunliche Ähre.
Frucht: Karyopse.
Standort: Sonnige und warme Plätze.
Lebensbereiche: Fr, 1–2, so: Freifläche; trocken bis frisch; sonnig.
Verwendung: Für niedere Wildstaudenpflanzungen.
Vermehrung: Teilung im Frühling.
Sorten: 'Bruno Ears', ähnlich, aber bis 20 cm hoch.
Besonderes: Schöne Herbstfärbung, Winternässe vermeiden.

Pennisetum glaucum 'Purple Majesty'

Perlhirse
Rispengrasgewächse

Heimat: Züchtung, die Art aus den Tropen.
Wuchsform: Steif aufrecht, mit dichten Ähren.
Blatt: Breit, rotbraun.
Blüte: Ähre, dunkles Braunrot.
Frucht: Karyopse.
Standort: Sonnige Beete in durchlässigen Böden.
Lebensbereiche: Fr, 1, so: Freiflächen; trocken; sonnig.
Verwendung: Schmuckbeete, Sommerflor-Rabatten.
Vermehrung: Aussaat mit Vorkultur unter Glas.
Besonderes: Auffällige Erscheinung in Wuchs und Farbe. Nicht frosthart.

 30/50–60 cm   VII–X   I   ♃

Pennisetum orientale

Orient-Lampenputzergras
Rispengrasgewächse

Heimat: Kaukasus bis Mittelasien, Afrika.
Wuchsform: Horstig, aufrecht bis überhängend.
Blatt: Schmal, grün, leicht hängend.
Blüte: Ähre, hellviolett, reiche Blütenbildung.
Frucht: Karyopse.
Standort: Trocken und warme, durchlässige Böden.
Lebensbereiche: Fr, 1, so: Freifläche; trocken; sonnig.
Verwendung: Felssteppe, Staudenflächen.
Vermehrung: Aussaat im Vorfrühling, auch Teilung.
Besonderes: Attraktiv durch den nickenden Wuchs. Nicht ganz frosthart, daher Winterschutz günstig.

⬧ 50/50–80 cm   ✱ VII–IX   I   ♃

Pennisetum orientale 'Tall Tails'

Orient-Lampenputzergras
Poaceae, Rispengrasgewächse

Heimat: Züchtung, die Art aus dem Kaukasus.
Wuchsform: Horstig, aufrecht bis überhängend.
Blatt: Schmal, grün, leicht hängend.
Blüte: Nickende Ähre, weißlich.
Frucht: Karyopse.
Standort: Trocken und warme, durchlässige Böden.
Lebensbereiche: Fr, 1, so: Freifläche; trocken; sonnig.
Verwendung: In Flächenpflanzungen aller Art.
Vermehrung: Aussaat im Vorfrühling.
Besonderes: Attraktiv durch den nickenden Wuchs. Kurzlebig. Nicht ganz frosthart, daher Winterschutz sinnvoll.

 30/90–120 cm VIII–X II

 40/50–60 cm VIII–X I–II

Pennisetum setaceum

Lampenputzergras
Poaceae, Rispengrasgewächse

Heimat: Tropisches Afrika, Südwestasien.
Wuchsform: Aufrecht, horstig, einjährig.
Blatt: Zweizeilig, linealisch, 30 cm lang, grün, braun im Herbst.
Blüte: Bis 25 cm lange, endständige Ähre, weißrosa.
Frucht: Karyopse.
Standort: Durchlässige Böden in voller Sonne.
Verwendung: Sommerblumenbeete, Trockenblume, Schnittpflanze.
Vermehrung: Aussaat im März unter Glas. Sät sich an warmen Plätzen selbst aus.
Besonderes: Benötigt viel Wärme. Wird in der Regel einjährig gezogen, kann aber in milden Wintern unter einer Laubschicht überdauern.
Ähnliche Art: *P. villosum*, 60 cm hoch, walzenförmige, weiße Ähren, 12 cm lang.

Pennisetum villosum

Weißes Lampenputzergras
Poaceae, Rispengrasgewächse

Heimat: Nordöstliches Afrika.
Wuchsform: Horstig, aufrecht bis überhängend.
Blatt: Linealisch, schmal.
Blüte: Weiße, dichte Ähre mit Grannen.
Frucht: Karyopse.
Standort: Sonnig und warme, durchlässige Böden.
Lebensbereiche: Fr, 1, so: Freiflächen; trocken; sonnig.
Verwendung: Beetpflanzungen mit Annuellen und Stauden.
Vermehrung: Teilung und Aussaat mit Vorkultur.
Besonderes: Zur Blütezeit sehr auffällig. Nicht ganz hart, daher Winterschutz sinnvoll. Kurzlebig.

 40–120/ 150 cm    VI–VII   II   ♃   200–280/ 300 cm   VIII–IX   III   ♃

Phalaris arundinacea

Rohr-Glanzgras
Poaceae, Süßgräser, Rispengrasgewächse

Heimat: Europa, Asien, Nordamerika.
Wuchsform: Aufrechte Staude mit schilfarti-
gemWuchs.
Blatt: Bis 35 cm lang und 20 mm breit.
Blüte: In einer 10–20 cm langen Rispe, gelblich.
Frucht: Ährchen gehäuft, ohne Granne.
Standort: Röhricht, auch bei wechselndem
Wasserstand, Wassertiefe bis 15 cm.
Lebensbereiche: WR, 4, so–hs: Wasserrand;
sumpfig; sonnig bis halbschattig. Auch feuchte
Freiflächen.
Verwendung: Nur in naturnahen Pflanzungen,
Rekultivierung.
Vermehrung: Teilung.
Varietät: *P. arundinacea* var. *picta* (Foto), grün-
weiß, längs gestreift, niedriger.
Hinweise: Nur die buntlaubigen Formen für den
Garten geeignet.

Phragmites australis

Schilfrohr
Poaceae, Rispengrasgewächse

Heimat: Weltweit verbreitet.
Wuchsform: Aufrechte, bis 4 m hohe, rhizom-
bildende Staude.
Blatt: Am ganzen Stängel, wechselständig,
graugrün, 30–50 cm lang, bis 3 cm breit.
Blüte: Rispe, 20–50 cm lang, am Ende des
Stängels, bräunlich.
Frucht: Nussfrucht mit Spelzen.
Standort: Teichrand, Ufer von meist stehenden
Gewässern. Wassertiefe 20–80 cm.
Lebensbereiche: WR, 5, so: Wasserrand, flaches
Wasser; sonnig.
Verwendung: Für große Wasseranlagen,
Renaturierung.
Vermehrung: Abtrennung der Rhizome.
Sorten: 'Variegatus', gelb-grün längs gestreift.
Besonderes: Wichtig zur Abdeckung von
Reetdächern, Zellulosegewinnung.

 300–500 cm - I

 30 cm - III–IV

Phyllostachys nigra

Schwarzrohrbambus
Poaceae, Rispengrasgewächse

Heimat: China.
Wuchsform: Horstartig, leicht überhängend, 3–5 m hoch, Halme glänzend schwarz.
Blatt: Oberseits dunkelgrün, unterseits graugrün, 6–8 cm lang, linealisch.
Blüte: Blüht nur in warmen Gebieten.
Standort: Vollsonnig, gute Gartenböden in geschützten Lagen.
Lebensbereiche: Fr, 2–3, hs: Freifläche; frisch bis feucht; halbschattig.
Verwendung: Im Einzelstand oder in Gruppen vor Gebäuden, in Parks, Kübel.
Vermehrung: Teilung oder Abtrennung der Ausläufer im Frühling.
Besonderes: Bildet kurze Ausläufer, vor kalten Ostwinden und Wintersonne schützen.

Pleioblastus pumilus

Zwergbambus
Poaceae, Rispengrasgewächse

Heimat: Japan.
Wuchsform: Ausläufer bildender Bodendecker, buschig.
Blatt: Wintergrün, 2,5 cm breit, bis 20 cm lang, grün.
Blüte: Sehr selten.
Standort: Halbschattige bis schattige Lagen in humosen Böden.
Lebensbereiche: Fr, 2, so–hs: Freiflächen; frisch; sonnig bis halbschattig.
Verwendung: Unter Gehölzen, auch an Böschungen im Schatten. Flächenbildner.
Vermehrung: Teilung, Abtrennen der Rhizome im Frühling.
Besonderes: Nach Frostschäden Rückschnitt, auch durch Mäher. Wurzelsperre sinnvoll.

 10/ 20 cm 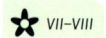 VII–VIII   II

 30/80– 100 cm   VI–VIII   II

Poa alpina

Alpen-Rispengras
Poaceae, Rispengrasgewächse

Heimat: Gebirge, weltweit.
Wuchsform: Polster, horstbildend.
Blatt: Wintergrün, spitz, grün.
Blüte: Rispe, unscheinbar.
Frucht: Karyopse.
Standort: Durchlässige Böden im Halbschatten.
Lebensbereiche: M, 2, abs: Matten; frisch; absonnig; auch für Steinanlagen.
Verwendung: Steingärten und beschattete Flächen.
Vermehrung: Teilung.
Unterart: *Poa alpina* subsp. *vivipara* (Foto). An den Blütentrieben bilden sich Jungpflanzen, Kindel genannt.
Besonderes: Gut in lockeren Böden in höheren Lagen.

Poa chaixii

Wald-Rispengras
Poaceae, Rispengrasgewächse

Heimat: Europa bis Kaukasus.
Wuchsform: Aufrecht, lockerhorstig.
Blatt: Wintergrün, linealisch, rinnig, grün.
Blüte: Rispe locker, purpurn überhaucht.
Frucht: Karyopse.
Standort: Leicht beschattete Flächen.
Lebensbereiche: GR, F, 2, so–hs: Gehölzran; Freifläche; frisch; sonnig bis halbschattig.
Verwendung: Unter Bäumen in humosen Böden.
Vermehrung: Teilung.
Besonderes: Kommt in Bergmischwäldern vor.

 300 cm - I–II

 40/ 50 cm VII–IX II

Pseudosasa japonica

Japanbambus
Poaceae, Rispengrasgewächse

Heimat: Südliches Japan, Korea.
Wuchsform: Aufrecht, rhizombildend, Halme grün.
Blatt: Wintergrün, 3 cm breit, bis 30 cm lang, grün.
Blüte: Sehr selten.
Standort: Halbschattig bis schattig, humose Böden.
Lebensbereiche: GR, 2, hs–s: Gehölzrand; frisch; halbschattig bis schattig.
Verwendung: Einzeln, auch für Hecken und Kübel geeignet.
Vermehrung: Abtrennen der Rhizome, Teilung.
Besonderes: Blattscheiden bleiben haften. Schwache Ausläuferbildung.

Rhynchelytrum repens

Natalgras
Poaceae, Rispengrasgewächse

Heimat: Tropisches Afrika.
Wuchsform: Horstig, aufrecht bis überhängend.
Blatt: Sommergrün, schmal, grün.
Blüte: Rispe locker, rötlich.
Frucht: Karyopse.
Standort: Sonnig und warme Flächen.
Lebensbereiche: FR, 1, so: Freiflächen; trocken; sonnig.
Verwendung: In Beetpflanzungen aller Art.
Vermehrung: Aussaat im Vorfrühling.
Besonderes: Kurzlebig, daher meist einjährig gezogen. Schön im Tau.

 200–250 cm   –   I–II

 50/100 cm   VI–VIII   I

Sasa kurilensis

Kurilenbambus
Poaceae, Rispengrasgewächse

Heimat: Korea, Japan, Kurilen.
Wuchsform: Ausläufer bildend, aufrecht, Halme weiß bemehlt.
Blatt: Wintergrün, breit, bis 20 cm lang, glänzend grün.
Blüte: Sehr selten.
Standort: Sonnige bis halbschattige Lagen in humosen Böden.
Lebensbereiche: GR, 2, hs–sch: Gehölzrand; frisch; halbschattig bis schattig.
Verwendung: Einzeln unter Bäumen.
Vermehrung: Teilung im Frühling.
Besonderes: Auch für Flächenpflanzungen. Gut frosthart.
Ähnliche Art: *Sasa palmata*, Blätter länger und breiter.

Schizachyrium scoparium

(Syn. Andropogon scoparium)
Kleines Präriegras
Poaceae, Rispengrasgewächse

Heimat: Nordamerika.
Wuchsform: Horstig, straff aufrecht.
Blatt: Sommergrün, schmal, blaugrün.
Blüte: Ähre, silbrig.
Frucht: Karyopse.
Standort: Durchlässige Böden in voller Sonne.
Lebensbereiche: Fr, 1–2, so: Freiflächen; trocken bis frisch; sonnig.
Verwendung: Einzeln in Wildstaudenpflanzungen.
Vermehrung: Teilung im Frühling.
Besonderes: Wärmeliebende Art der Kurzgrasprärien, im Herbst rotbraun.

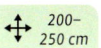 200–250 cm VI–VIII I   80–100 cm – I

Schoenoplectus lacustris

(Syn. *Scirpus lacustris*)
Gewöhnliche Teichsimse
Cyperaceae, Riedgrasgewächse

Heimat: Weltweit verbreitet, auch heimisch.
Wuchsform: Aufrechte Staude mit gebogenen runden Stängeln.
Blatt: Fehlt, Assimilation über die Stängel.
Blüte: Mehrblütige Ährchenbüschel am Triebende, bräunlich.
Frucht: Dreikantig, braun.
Standort: Am Ufer von Seen, bis 80 cm Tiefe.
Lebensbereiche: WR, 4–5, so–hs: Wasserrand; flach bis sumpfig; sonnig bis halbschattig.
Verwendung: Nur für große, natürliche Wasseranlagen.
Vermehrung: Teilung im Frühling. Aussaat unter Wasser.
Besonderes: Wird auch zur Wasserreinigung verwendet. Verwendung zur Flechterei.
Hinweise: Pflanzung in Gefäßen.

Schoenoplectus tabernae-montani 'Zebrinus'

Zebrasimse
Cyperaceae, Riedgrasgewächse

Heimat: Züchtung.
Wuchsform: Aufrechte Staude mit langen Stängeln.
Blatt: Nicht vorhanden, Stängel sind weiß-grün geringelt. Die Art ist grün.
Blüte: Kommt in unseren Breiten nicht zur Blüte.
Frucht: Fruchtet hier nicht.
Standort: Sumpfige Wasserränder, Wasserbecken. Wassertiefe 20–30 cm.
Lebensbereiche: WR, 4, so: Wasserrand; sumpfig; sonnig.
Verwendung: Einzeln in Gefäßen oder am Gartenteich.
Vermehrung: Teilung im Vorfrühling.
Besonderes: Nicht für windige Lagen, Halme knicken.

✛ 50–100 cm   ✺ VII–VIII   ♣ I–II   ♃

✛ 70/100 cm   ✺ VI–VIII   ♣ II   ♃

Scirpoides holoschoenus

Kugelbinse, Glanzbinse
Cyperaceae, Riedgrasgewächse

Heimat: Nördliche Halbkugel, mediterran.
Wuchsform: Aufrecht, horstig mit kurzen Ausläufern. Stängel rund.
Blatt: Hüllblatt steif aufrecht, Blattscheiden gelbbraun.
Blüte: 5–10 gestielte, bräunliche, kugelige Köpfchen, Blütenstand scheinbar seitenständig.
Frucht: Dreikantig, 1 mm lang, unscheinbar.
Standort: Nasse, zeitweise überflutete Böden in warmen Lagen. Wassertiefe 10–20 cm.
Lebensbereiche: WR, 4, so: Wasserrand; sumpfig; sonnig.
Verwendung: See- und Bachufer.
Vermehrung: Teilung.
Besonderes: Benötigt viel Wärme.
Ähnliche Art: *Scirpoides australis* hat einen zwei- bis vierköpfigen Blütenstand.

Scirpus sylvaticus

Wald-Simse
Cyperaceae, Riedgrasgewächse

Heimat: Europa, Asien.
Wuchsform: Rhizombildend, aufrecht, locker.
Blatt: Sommergrün, grün.
Blüte: Verzweigte Ähre.
Frucht: Nussfrucht.
Standort: Feuchte und schattige Lagen.
Lebensbereiche: GR, 3, hs–sch: Gehölzrand; feucht; halbschattig bis schattig.
Verwendung: Feuchte Gräben und nasse Stellen, humose Böden im Schatten.
Vermehrung: Teilung, Abtrennen der Rhizome.
Besonderes: Auch für den Teichrand.

 25/ 30 cm 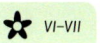 VI–VII II   50/ 80 cm IV–V II

Sesleria caerulea

Moor-Blaugras
Poaceae, Rispengrasgewächse

Heimat: Europa.
Wuchsform: Horstig, aufrecht.
Blatt: Wintergrün, schmal, blaugrün.
Blüte: Ähre kopfig, bläulich mit gelblichen Staubgefäßen.
Frucht: Karyopse.
Standort: Kalkreiche Moorböden in voller Sonne. Wärmeliebend.
Lebensbereiche: Fr, 2–3, so: Freifläche; frisch bis feucht; sonnig; auch Gehölzrand.
Verwendung: In steinigen Matten und Trockenrasen.
Vermehrung: Teilung.
Besonderes: Auffälliger Blüher im Vorfrühling.
Ähnliche Art: *Sesleria albicans*, Kalk-Kopfgras, für Dachbegrünung.

Sesleria nitida

Nest-Kopfgras
Poaceae, Rispengrasgewächse

Heimat: Mittel- bis Süditalien.
Wuchsform: Horstig, aufrecht.
Blatt: Wintergrün, schmal, blaugrün bereift, 6 mm breit.
Blüte: Ähre kopfig, grüngelb mit gelblichen Staubgefäßen.
Frucht: Karyopse.
Standort: Kalkreiche Böden in voller Sonne.
Lebensbereiche: Fr, 1, so: Freifläche; trocken; sonnig.
Verwendung: In steinigen Matten und Trockenrasen.
Vermehrung: Teilung.
Besonderes: Auffälliger Blüher im Vorfrühling.
Ähnliche Art: *Sesleria rigida*, Starres Kopfgras, nur 15 cm hoch, schmaleres Laub.

 80–100/150 cm    VIII–X   I   ♃

 120/150 cm   VIII–IX   I   ♃

Sorghastrum nutans

(Syn. Chrysopogon nutans)
Gelbes Indianergras, Goldbartgras
Poaceae, Rispengrasgewächse

Heimat: Nord- und Mittelamerika, Mexiko, Kanada.
Wuchsform: Horstig, aufrecht, bogig überhängend.
Blatt: Sommergrün, breitlinealisch, bis 60 cm lang, blaugrün. Im Herbst braunrot.
Blüte: Rispe glänzend rotbraun mit gelben Staubgefäßen.
Frucht: Karyopse.
Standort: Sonnige Flächen in durchlässigen Böden.
Lebensbereiche: Fr, 1–2, so: Freifläche; trocken bis frisch; sonnig.
Verwendung: Einzeln in größeren Staudenpflanzungen, Fruchtschmuck.
Vermehrung: Aussaat, die Sorten durch Teilung.
Sorten: 'Sioux Blue', blaugrüne Blätter.

Spartina pectinata 'Aureomarginata'

Goldleistengras
Poaceae, Rispengrasgewächse

Heimat: Züchtung, die Art aus Nordamerika.
Wuchsform: Wuchernd, dicht, stark überhängend.
Blatt: Sommergrün, lang und schmal, grün mit gelbem Saum.
Blüte: Ähre grün, wenig auffällig, einseitswendig.
Frucht: Karyopse.
Standort: Sonnige Plätze in guten, auch feuchten Gartenböden.
Lebensbereiche: Fr, 2, so: Freifläche; frisch; sonnig. Auch sumpfig.
Verwendung: Große Staudenflächen in Parks, Wasserrand.
Vermehrung: Teilung.

| ⊕ 80/ 120 cm | ✹ VII–IX | ◕ I | ♃ |

Spodiopogon sibiricus

Zotten-Raugras
Poaceae, Rispengrasgewächse

Heimat: Sibirien, Nördliches China, Japan.
Wuchsform: Horstig, steif aufrecht.
Blatt: Sommergrün, breitlinealisch, grün, hängend.
Blüte: Ährchen in Rispen, purpurviolett.
Frucht: Karyopse.
Standort: Sonnige Flächen in humosen Böden.
Lebensbereiche: Fr, 2–3, so: Freifläche; frisch bis feucht; sonnig.
Verwendung: In Staudenpflanzungen, auch am Wasserrand.
Vermehrung: Teilung.
Sorte: 'West Lake', im Austrieb und im Herbst rötlich.
Besonderes: Auch für Beetstaudenpflanzungen und Schnitt.

| ⊕ 40/60– 80 cm | ✹ VIII–X | ◕ I | ♃ |

Sporobolus heterolepis

Präriegras
Poaceae, Rispengrasgewächse

Heimat: Amerika.
Wuchsform: Horstbildend, mit kurzen Rhizomen, aufrecht.
Blatt: Sommergrün, bis 2 mm schmal, grün.
Blüte: Hellbraune Ähre, fein verzweigt.
Frucht: Karyopse mit runden Früchtchen.
Standort: Sonnige Flächen, auch an mageren Standorten.
Lebensbereiche: Fr, 1–3, so: Freifläche; trocken bis feucht; sonnig.
Verwendung: In größeren Wildstaudenflächen.
Vermehrung: Aussaat.
Sorten: 'Blaunebel' ('Blue Fog'), bläulich.
Besonderes: Im Herbst orangefarben, im Winter kupferrot.

 30/ 100 cm   VII   I

 60/80– 100 cm   VI–IX   I

Stipa barbata

Reiher-Federgras
Poaceae, Rispengrasgewächse

Heimat: Östliches Mitteleuropa.
Wuchsform: Horstig, überhängend.
Blatt: Wintergrün, graugrün, schmal.
Blüte: Behaarte Grannen, 40 cm lang, im Wind waagerecht abstehend.
Frucht: Karyopse, 2 cm lang, mit nadelfeiner Spitze.
Standort: Durchlässige Kalkböden in voller Sonne, wärmeliebend.
Lebensbereiche: SH, 1, so: Steppenheide; trocken; sonnig. Auch Felssteppe.
Verwendung: Einzeln oder in kleinen Gruppen, Schnittpflanze.
Vermehrung: Aussaat im Frühling oder nach der Fruchtreife.
Besonderes: Als Trockenblume vor der Fruchtreife ernten. Der Same bohrt sich selbständig in die Erde.

Stipa calamagrostis

(Syn. Achnatherum calamagrostis,
Lasiagrostis)
Silber-Ährengras
Poaceae, Rispengrasgewächse

Heimat: Südeuropa, Südliches Mitteleuropa.
Wuchsform: Horstig, kurze Rhizome, überhängend.
Blatt: Wintergrün, schmal, mattgrün.
Blüte: Rispen gelbbraun.
Frucht: Karyopse.
Standort: Durchlässige, schotterige Mineralböden.
Lebensbereiche: Fr, 1, so: Freifläche; trocken; sonnig. Auch Steppenheide und Felssteppe.
Verwendung: Einzeln in sonnigen Wildstaudenpflanzungen.
Vermehrung: Teilung, besonders der Sorten.
Sorten: 'Lemperg', besonders reichblühende Auslese, im Herbst rot.
Besonderes: Wärmeliebendes Gras.

 20–30/ 80 cm   VI–VIII   I   🜨

 50/150– 180 cm   VII–VIII   I   🜨

Stipa capillata

Büschelhaargras
Poaceae, Rispengrasgewächse

Heimat: Südeuropa bis Sibirien.
Wuchsform: Aufrecht bis bogig, lockerhorstig.
Blatt: Immergrün,grasartig, grau, schmal.
Blüte: Blütenrispen unbehaart, Grannen bis 20 cm lang, hellbraun.
Frucht: Karyopse klein, schmal, bleibt lange an der Rispe.
Standort: Durchlässige, magere Böden in voller Sonne.
Lebensbereiche: SH, 1, so: Steppenheide; trocken; sonnig. Auch Felssteppe.
Verwendung: Einzeln oder in kleinen Gruppen an Böschungen, auf Dächern, Steingärten, Schnittpflanze.
Vermehrung: Aussaat nach der Samenreife oder im Frühling.
Besonderes: Für Trockenbinderei vor der Reife schneiden.

Stipa gigantea

Riesen-Federgras
Poaceae, Rispengrasgewächse

Heimat: Spanien, Portugal.
Wuchsform: Horstbildend, aufrecht bis überhängend.
Blatt: Wintergrün, breitlinealisch.
Blüte: Blütenrispen bis 50 cm lang, golden, hängend.
Frucht: Karyopse, Grannen bis 12 cm lang.
Standort: Sonnige, magere Plätze.
Lebensbereiche: FS, 1–2, so: Felssteppe; trocken bis frisch; sonnig.
Verwendung: Einzeln in sonnigen Staudenpflanzungen, Schnittpflanze.
Vermehrung: Teilung im Frühling, Aussaat.
Besonderes: Prächtige Solitärstaude, schöner Fruchtschmuck.

 30/ 60 cm   V–VII   I–II

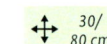 30/ 80 cm   VII–VIII   I

Stipa pennata

Flausch-Federgras
Poaceae, Rispengrasgewächse

Heimat: Mittel- und Südeuropa.
Wuchsform: Horstig, zur Reifezeit überhängend.
Blatt: Wintergrün, unterseits kahl, grün.
Blüte: Behaarte Grannen, 20 cm lang, im Wind waagerecht abstehend.
Frucht: Karyopse, 1 cm lang, mit nadelfeiner Spitze.
Standort: Durchlässige Böden in voller Sonne, Steppenpflanze.
Lebensbereiche: SH, 1, so: Steppenheide; trocken; sonnig. Auch Felssteppe.
Verwendung: Einzeln oder in Gruppen in steppenartigen Pflanzungen, Schnitt.
Vermehrung: Aussaat im Frühling.
Besonderes: Als Trockenblume vor der Fruchtreife ernten.
Ähnliche Art: *Stipa pulcherrima*, bis 1 m hoch.

Stipa splendens

(Syn. Achnatherum splendens)
Glänzendes Raugras
Poaceae, Rispengrasgewächse

Heimat: Sibirien, Zentralasien.
Wuchsform: Horstig, bogenförmig überhängend, ausdauernd.
Blatt: Wintergrün, grün, schmal.
Blüte: Silbrige Rispe bis 30 cm lang.
Frucht: Karyopse mit behaarter Deckspelze, 2,5 mm lang, begrannt.
Standort: Sonnige Flächen in kalkreichen, durchlässigen Böden.
Lebensbereiche: Fr, 1, so: Freifläche; trocken; sonnig. Auch Steppenheide, Felssteppe.
Verwendung: An warmen, besonnten Flächen.
Vermehrung: Teilung im Frühling.
Besonderes: In Europa eingebürgert.
Ähnliche Art: *Stipa calamagrostis*, Silber-Raugras.

 80/ 100 cm IX–X I 	♃

 180–200/ 180 cm VII–VIII II 	♃

Themeda triandra subsp. japonica

Rotschopfgras
Poaceae, Rispengrasgewächse

Heimat: China, Japan.
Wuchsform: Horstig, aufrecht, Halme dicht beblättert.
Blatt: Sommergrün, am Rand dicht rötlich behaart, im Herbst rotbraun.
Blüte: Rötlich braune, aber unauffällige Rispe.
Frucht: Karyopse.
Standort: Warme, trockene Plätze in durchlässigen Böden.
Lebensbereiche: FS, 2, so: Felssteppe; frisch; sonnig. Auch Freifläche.
Verwendung: Einzeln oder in kleinen Gruppen in Steinanlagen und Flächen.
Vermehrung: Teilung, auch Aussaat.
Besonderes: Benötigt viel Wärme und auch Winterschutz.

Typha angustifolia

Schmalblättriger Rohrkolben
Typhaceae, Rohrkolbengewächse

Heimat: Europa, Nordamerika, Westasien.
Wuchsform: Straff aufrechte Staude, wuchernd.
Blatt: Schmal, bis 1 cm breit, den Blütenstand überragend.
Blüte: Unscheinbare Blüten in einem bis 35 cm langen Kolben vereint. Dunkelbraun. Zwischen männlichem (oben) und weiblichem Blütenstand ist eine bis 8 cm lange Lücke.
Frucht: Kolben, bei der Reife in viele Fruchthaare zerfallend.
Standort: Stehende, oft schlammige Gewässer bis 1,50 m Tiefe.
Lebensbereiche: WR, 5, so: Wasserrand; flaches Wasser; sonnig.
Verwendung: In kleinen Gruppen in naturnahen Teichen. Nicht für Folienteiche geeignet.
Vermehrung: Teilung, Abtrennen der Ausläufer.
Besonderes: Kolben gut für die Trockenbinderei.

 180–250/ 150 cm 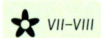 VII–VIII   II

 120–150/ 100 cm   V–VI   II

Typha latifolia

Breitblättriger Rohrkolben
Typhaceae, Rohrkolbengewächse

Heimat: Europa, Nordamerika, Asien.
Wuchsform: Straff aufrecht, wuchernd.
Blatt: Lineal, 2–3 cm breit, blaugrün, den Blütenstand überragend.
Blüte: Unscheinbare Blüten in einem bis 20 cm langen Kolben vereint. Schwarzbraun. Zwischen männlichem (oben) und weiblichem Blütenstand ist keine Lücke.
Frucht: Dicker Kolben, bei der Reife in viele Fruchthaare zerfallend. Nussfrüchte.
Standort: Stehende, oft schlammige Gewässer. Wassertiefe 20–40 cm.
Lebensbereiche: WR, 5, so: Wasserrand; flaches Wasser; sonnig.
Verwendung: In großen Wasseranlagen, Rekultivierungsflächen.
Vermehrung: Teilung, Abtrennen der Ausläufer.
Besonderes: Rhizombildender Wurzelstock.

Typha laxmannii

Laxmann's Rohrkolben
Typhaceae, Rohrkolbengewächse

Heimat: Südosteuropa, Asien.
Wuchsform: Straff aufrecht, schwach wuchernd.
Blatt: Schmal, gewölbt, bis 0,5 cm breit, den Blütenstand überragend.
Blüte: Unscheinbare Blüten in einem bis 9 cm langen Kolben vereint. Dunkelbraun. Zwischen männlichem (oben) und kurzen weiblichen Blütenstand ist eine bis 5 cm lange Lücke.
Frucht: Nussfrucht in Kolben, bei der Reife in viele Fruchthaare zerfallend.
Standort: Stehende, oft schlammige Gewässer bis 50 cm Tiefe.
Lebensbereiche: WR, 5, so: Wasserrand; flaches Wasser, sonnig.
Verwendung: In kleinen Gruppen in naturnahen Teichen.
Vermehrung: Teilung, Abtrennen der Ausläufer.

 50/75 cm   V–VI   II

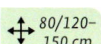 80/120–150 cm   VI–VII   II

Typha minima

Zwerg-Rohrkolben
Typhaceae, Rohrkolbengewächse

Heimat: Europa, Westasien bis zum Kaukasus.
Wuchsform: Aufrecht, locker, Ausläufer treibende Sumpfpflanze.
Blatt: Sehr schmal, bandförmig, mattgrün.
Blüte: Weibliche Blütenkolben 3–4 cm lang, 1,5–2 cm dick. Oberhalb davon befinden sich die männlichen, unscheinbaren Blüten.
Frucht: Kolben dunkelbraun, im Sommer in viele Pappushaare zerfallend.
Standort: Am Rande von stehenden Gewässern bis 10 cm Tiefe. Schwere Böden.
Lebensbereiche: WR, 4, so: Wasserrand; sumpfig; sonnig.
Verwendung: Kleinere Wasserflächen bis 10 cm Tiefe. Auch für Tröge. Trockenbinderei.
Vermehrung: Abtrennen der Ausläufer im Frühling.
Besonderes: Gut auf Kalkuntergrund.

Zea mays in Sorten

Zier-Mais
Poaceae, Rispengrasgewächse

Heimat: Mittelamerika.
Wuchsform: Aufrecht, rasch wachsend.
Blatt: Sommergrün, wechselständig, linealisch, gewellt, überhängend, bis 60 cm lang, grün bis gelb.
Blüte: Winzig, einhäusig, männliche Blüten in Büscheln am Triebende, weibliche sitzen darunter in einem Kolben.
Frucht: Kolben aufrecht, bis 30 cm lang, vielfarbige Samenkörner.
Standort: Gut gedüngte Gartenböden. Sonnig.
Verwendung: Auf Beeten, Trockenbinderei.
Vermehrung: Aussaat ab April unter Glas, ab Mai direkt ins Freiland, Samen vorher quellen lassen.
Sorten: 'Amero'-Hybriden, 200 cm, 'Symphonie', 150 cm; Samen beider Sorten gelb, rot, schwarz und orange. 'Quadricolor' (Foto) mit grün-weiß-rosa gestreiften Blättern.

Serviceseiten

Sehenswerte Gräsergärten

Eine ganze Anzahl von Gärten, in welchen zahlreiche Gräser zu sehen sind, können besucht werden. Die hohen Gräser zeigen sich im Sommer und Herbst von ihrer schönsten Seite, während niedere Arten auch schon im Frühling ihre Blüten entfalten.

Empfehlenswerte Gärten in Deutschland

Sichtungsgarten der Fachhochschule Weihenstephan, Forschungsanstalt für Gartenbau, in Freising bei München. Informationen und Öffnungszeiten im Internet unter:
www.fh-weihenstephan.de/fgw/lehrgaerten/

Lehr- und Versuchsgärten der Hochschule für Wirtschaft und Umwelt Nürtingen-Geislingen mit zwei Standorten: Abteilung Braike in Nürtingen und das Hofgut Tachenhausen in Oberboihingen. Weitere Informationen erhalten Sie über die Homepage der Hochschule:
www.hfwu.de/

Schau- und Sichtungsgarten Hermannshof in Weinheim/Bergstraße. März bis September täglich, sonst werktags geöffnet, weitere Informationen unter:
www.sichtungsgarten-hermannshof.de/

Ernst-Pagels-Garten, ein zum Andenken an den berühmten Staudenzüchter angelegter Garten als ein Themengarten im Park der Gärten, Bad Zwischenahn. www.parkdergaerten.de

Bambusgarten der Baumschule Eberts, BambusCentrum Deutschland in Baden-Baden. Informationen im Internet unter:
www.bambus.de/

Schöne Gräsergärten außerhalb Deutschlands

Schaugärten der Gärtnerei Sarastro, Ort im Innkreis, Österreich. Informationen zu Öffnungszeiten und Anfahrt unter:
www.sarastro-stauden.com

Gärtnerei des angesehenen Gartengestalters und Buchautors Piet Oudolf, Hummelo bei Doetinchem/Arnhem, Niederlande. Angaben zur Anfahrt und zu den Öffnungszeiten im Internet: www.oudolf.com/

Schaugarten und Staudengärtnerei von Beth Chatto in Colchester, England. Den Garten der bekannten Gartenbuchautorin finden Sie im Internet unter: www.bethchatto.co.uk/

Sichtungsgarten in Longwood Gardens bei Pensylvania, USA. Informationen auf der Homepage:
www.longwoodgardens.org/

Des Weiteren hat jeder Botanische Garten, zumindest in der Systematischen Abteilung, ein Quartier für Gräser, wo man die verschiedenen Arten in Ruhe studieren kann. Meist werden hier nur die Arten, weniger die Züchtungen gezeigt. Vorteil der Botanischen Gärten: Die Pflanzen sind mit ihren Namen versehen. Außerdem kann man sich generell in Staudengärtnereien umsehen, die meisten führen ein Grundsortiment an Gräsern.

Synonyme

Synonym	gültiger Pflanzenname
Achnatherum calamagarostis	*Stipa calamagrostis*
Achnatherum splendens	*Stipa splendens*
Agropyron magellanicum	*Elymus magellanicus*
Andropogon scoparium	*Schizachyrium scoparium*
Arundinaria marmorea	*Chimonobambusa marmorea*
Avena sempervirens	*Helictotrichon sempervirens*
Carex morrowii 'Ingwersen'	*Carex hachijoensis* 'Evergold'
Chrysopogon nutans	*Sorghastrum nutans*
Cymophyllus fraseri	*Carex fraseri*
Festuca scoparia	*Festuca gautieri*
Festuca tenuifolia	*Festuca filiformis*
Lasiagrostis calamagrostis	*Stipa calamagrostis*
Miscanthus sinensis 'Giganteus'	*Miscanthus × giganteus* 'Aksel Olsen'
Scirpus lacustris	*Schoenoplectus lacustris*
Scirpus maritimus	*Bolboschoenus maritimus*
Sesleria disticha	*Oreochloa disticha*
Stipa tenuissima	*Nassella tenuissima*
Thamnocalamus spathaceus	*Fargesia murieliae*
Uniola latifolia	*Chasmanthium latifolium*

Bezugsquellen

Baumschule Eberts
BambusCentrum Deutschland
Saarstraße 3–5
76532 Baden-Baden

Foerster-Stauden
Am Raubfang 6
14469 Potsdam-Bornim

Sortiments- und Versuchsgärtnerei Simon
Staudenweg 2
97828 Marktheidenfeld

Staudengärtnerei Bornhöved
Plöner Straße 10
24619 Bornhöved

Staudengärtnerei Ernst Pagels
Deichstraße 4
26789 Leer

Staudengärtnerei Gaissmayer
Jungviehweide 3
89257 Illertissen

Staudengärtnerei Klose
Rosenstraße 10
34253 Lohfelden

Stauden Junge
Seeangerweg 1
31787 Hameln

Staudenkulturen Stade
Beckenstrang 24
46325 Borken-Marbeck

Sarastro-Stauden
Ort 131
4974 Ort/Innkreis
Österreich

Staudengärtnerei Oudolf
Broekstraat 17
6999 DE Hummelo
Niederlande

Bildquellen

Angerer, Oskar Seite 40 re, 94 re.
Hauser, Steffen/botanikfoto Titelfoto oben
Heißel, Kaspar Seite 33 re, 34 re, 35 re, 43 re,
    59 re, 66 re, 68 li, 75 li, 99 li.
Lauber, Konrad Seite 71 re, 83 li.
Morell, Eberhard/Foto-Morell Seite 72 re.
Muer, Thomas Seite 29 re, 31 li u. re, 32 re, 48 re,
    50 re, 56 re, 58 li, 65 li, 69 li, 75 re, 87 re, 109 li.
Nickig, Marion Seite 15, 21
Reinhard, Hans Seite 10, 18, 26 li, 41 re, 47 li,
    59 li, 60 li, 73 re, 115 re.
Reinhard, Nils Seite 55 re, 61 re, 106 re.

Seidl, Sebastian Seite 90 re.
Smit, Daan Seite 26 re, 52 re, 53 re, 56 li, 60 re,
    96 re, 119 re.
Take, Friederike/botanikfoto Titelfoto unten
Walderich, Ludwig Seite 66 li.

Alle übrigen Fotos stammen vom Autor.
Die Zeichnungen der Umschlaginnenseiten
stammen von Ernst Klapp (nach Hollrung,
1929) aus KLAPP, OPITZ VON BOBERFELD: Taschenbuch
der Gräser, 13. Aufl., Ulmer, 2006.
Die Symbole zeichnete Stefan Dehmel.

Literatur

AICHELE, Dietmar, SCHWEGLER, Heinz-Werner: Die Blütenpflanzen Mitteleuropas, Kosmos, 1996.

AICHELE, Dietmar, SCHWEGLER, Heinz-Werner: Unsere Gräser, Kosmos, 1978.

CHEERS, Gordon (Hrsg.): Botanica, Koenemann, 1997.

CHRISTIANSEN, Mogens S., HANCKE, Verner: Bestimmungsbuch Gräser, BLV-Verlag, 1977.

CONERT, Hans Joachim: Pareys Gräserbuch, Parey, 2000.

ERHARDT, W. u. a.: Zander, Handwörterbuch der Pflanzennamen, 17. Auflage, Ulmer, 2002.

FOERSTER, Karl: Einzug der Gräser und Farne in die Gärten, Ulmer, 1988.

GÖTZ, Hans u. a.: Die Stauden-CD, Ulmer, 1999.

GROUNDS, Roger: Gräser und Bambusarten, Dorling-Kindersley, 2002.

HABERER, Martin, HAGEN, Peter: Teich kompakt, Ulmer, 2006.

HABERER, Martin: Ulmers großer Taschenatlas Garten- und Zimmerpflanzen, Ulmer, 2006.

HEYWOOD, Vernon H. (Hrsg.): Blütenpflanzen der Welt, Birkhäuser Verlag, 1978.

HUBBARD, Charles E.: Gräser, UTB-Taschenbuch, Ulmer, 1973.

JANTRA, Helmut: Ziergräser, Falken-Verlag, 1986.

JELITTO, Leo u. a.: Die Freiland-Schmuckstauden, Ulmer, 2002.

KING, Michael, OUDOLF, Piet: Prachtig Gras, Terra Uitgeverij, Den Haag.

KLAPP, Ernst: Taschenbuch der Gräser; Parey, 1983.

KRESS, Christian: Faszination Stauden, Agrar-Verlag, 2006.

LAUBER, Konrad, WAGNER, Gerhard: Flora Helvetica; Haupt-Verlag, 1996.

OUDOLF, Piet: Neues Gartendesign mit Stauden und Gräsern, Ulmer, 2007.

RECHT, Christine, WETTERWALD, Max F.: Bambus, Ulmer, 1988.

STEINBACH, Gunter (Hrsg.): Gräser, Naturführer, Mosaik-Verlag, 1990.

ZINKERNAGEL, Gisela: Schöne Ziergräser, Ulmer, 1993.

Register

Die in diesem Buch enthaltenen Empfehlungen und Angaben sind vom Autor mit größter Sorgfalt zusammengestellt und geprüft worden. Eine Garantie für die Richtigkeit der Angaben kann aber nicht gegeben werden. Autor und Verlag übernehmen keinerlei Haftung für Schäden und Unfälle.

Bibliografische Information der Deutschen Nationalbibliothek
Die Deutsche Nationalbibliothek verzeichnet diese Publikation in der Deutschen Nationalbibliografie; detaillierte bibliografische Daten sind im Internet über http://dnb.d-nb.de abrufbar.

© 2009 Eugen Ulmer KG
Wollgrasweg 41, 70599 Stuttgart (Hohenheim)
E-Mail: info@ulmer.de
Internet: www.ulmer.de
Lektorat: Antje Krause
Herstellung: Silke Reuter
Umschlagentwurf: Atelier Reichert, Stuttgart
Druck und Bindung: Firmengruppe APPL, aprinta druck, Wemding
Printed in Germany

ISBN 978-3-8001-5683-2